GEDEON A.B. MULUMBA

200
Pensées inspirées

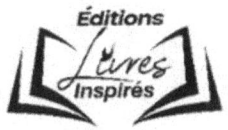

Les éditions Livres Inspirés
E-mail : livreinspire@gmail.com
Facebook : @Livres Inspirés
YouTube et Instagram : Livres Inspirés
Téléphone : +243 813028311/ 995409504
Édition en langue française

200 Pensées inspirées
©2024, GEDEON A.B. MULUMBA
Kinshasa - République Démocratique du Congo
Bibliothèque Nationale du Congo, 2024
Tous droits réservés
Dépôt légal : JN 3.02406-57337
ISBN : 979-8-327960-15-2
EAN : 9798327960152
Page couverture : Buana Phillip
Imprimé à KINSHASA

Contacts de l'Auteur :
Facebook :
Email :
Téléphone :

Les Éditions Livres Inspirés, pour l'édition en langue française. Sauf indication contraire, les versets bibliques cités dans ce livre sont tirés de la version ci-après : Bible louis second 1910.

Ce livre est sous la protection des lois sur les droits d'auteurs de la République Démocratique du Congo. Aucune portion de ce livre ne doit être reproduite en entier ou en partie sans une autorisation écrite de l'auteur. Exception faite de brefs extraits dans des magazines, des articles, des revues, etc.

TABLE DES MATIERES

PRÉFACE 1	7
L'INTIMITE DANS LA PRIERE	11
LE PECHE	41
LA PAROLE DE DIEU	61
JESUS-CHRIST	69
LE SEUL MEDIATEUR	69
LES PENSES DU CŒUR	81
LE MARIAGE	107
LE SAINT-ESPRIT ET SES OEUVRES	127
LA BENEDICTION DE L'ETERNEL	163
LE SACRIFICE, LA CONSECRATION ET LA SANCTIFICATION	181
LES ACTIONS DE GRÂCE ET LA FOI	213

PRÉFACE 1

Jadis, une soirée, que tout a changé dans ma destinée. Qu'est-ce donc ? Mon âme fut brisée par le désir des écritures. La chose qui a réveillé mon ardent désir à l'art poétique hébreu, fut ma précieuse rencontre avec le livre des Proverbes. La plupart de ces Proverbes furent rédigés par Salomon au Xè siècle av. JC. ; et d'autres sont l'œuvre d'Agur et du roi Lemuel. Il s'agit donc, de trente et un chapitres constitués des pensées inspirées. Fasciné, épaté et captivé par la beauté des mots doucereux que les auteurs ont choisis, cela m'a pris toute la nuit à lire sans harasser jusqu'à dévorer tout le livre de poésie et de sagesse, à un jour et demi. C'est fut ma première fois de lire tout un livre de la Bible.

Depuis lors, j'ai toujours aimé les citations, les proverbes, les aphorismes, les pensées inspirées et les maximes. Je suis ébloui par leur puissance évocatrice, leur pourvoir de transformation séduisante, leur musicalité et parfois même la découverte de la vie privée des mots. Les pensées inspirées contiennent toute la sagesse dont tout le monde cherche, elles sont un condensé d'expériences vécues par l'auteur et, le plus souvent, un concentré d'intelligence. Car, en quelques mots, voilà résumées les idées les plus complexes, synthétisées les pensées profuses, clarifiées les réflexions approximatives.

De toute évidence, le mystère des pensées inspirées ou des citations, c'est aussi d'interpréter l'intelligence d'autrui, de marquer l'esprit, voire de griffer l'âme et d'y laisser une marque indélébile.

Cependant, tout homme devrait s'y montrer sensible et intéressé. Étant les pensées inspirées, lorsque vous n'êtes pas intéressés vous ne serez pas intéressants. Ces pensées inspirées non seulement vous inspirent, mais elles vous font vivre le changement de paradigme qu'apporte la science des mots. Quotidiennement elles ont à convaincre et persuader l'âme, redorer l'esprit et réinitialiser l'être tout entier. Il était donc normal pour le Pasteur Gédéon MULUMBA, l'auteur de ce livre, de nous offrir des vertus louées comme des éléments de réflexion individuelle et collective. C'est la vocation de cet opuscule.

Au fil de votre lecture, le secret de chaque pensée inspirée de ce livre, vous rappellera ce que Winston Churchill disait, à propos des citations : « C'est une bonne chose de lire des livres de citations, car les citations, lesquelles sont gravées dans la mémoire, vous donnent de bonnes pensées. » Vraisemblablement, ce livre vous donnera de bonnes pensées qui changeront vos actions. Car chaque personne est comme les pensées de son âme.

Dans ce livre, le Pasteur Gédéon MULUMBA nous montre que les 200 pensées inspirées sont une source puissante d'inspirations. Le rythme est marqué par une similitude de sons comme dans les vers rimés. Les fidèles en Christ pourront y puiser de nombreuses réflexions pour progresser ; des idées d'animation pour leurs réunions de partage et des illustrations pour leurs pèlerinages. Excellente lecture !

Bonne lecture !

Giresse LUBASEKO LEMA

Docteur, Écrivain, Professeur à l'Académie Biblique du Congo ABC. Éditeur littéraire et Visionnaire de la structure Livres Inspirés.

Chapitre I
L'INTIMITE DANS LA PRIERE

J'exhorte donc, avant toutes choses, à faire des prières, des supplications, des requêtes, des actions de grâces, pour tous les hommes.
1Timothée 2.1

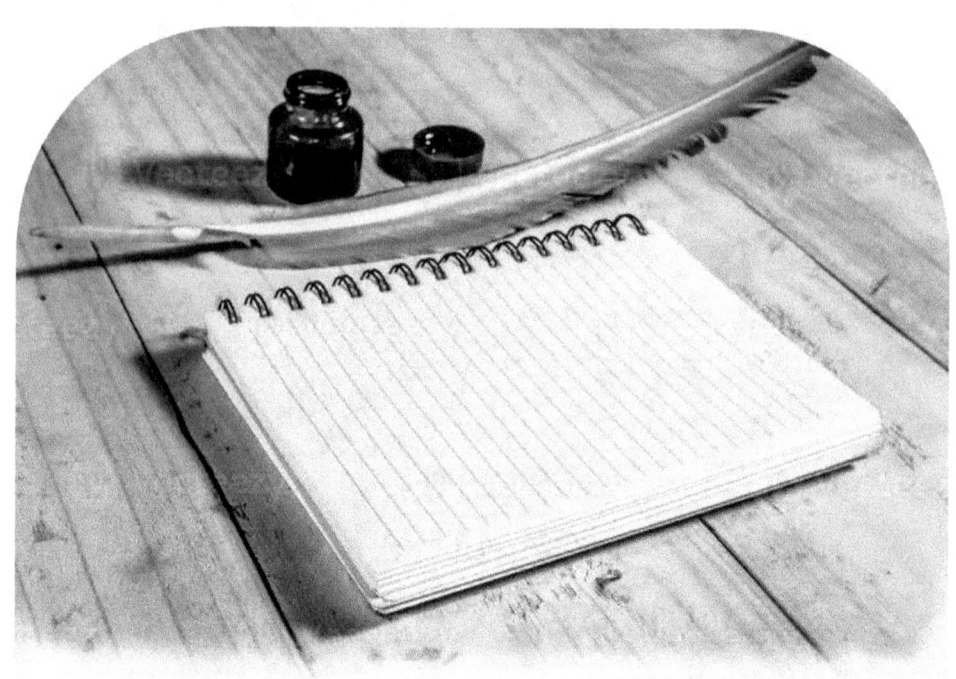

"

Que chaque matin soit pour toi un moment de déclaration sur ce que deviendra ta journée.

01
L'intimité dans la prière
200 Pensées Inspirées

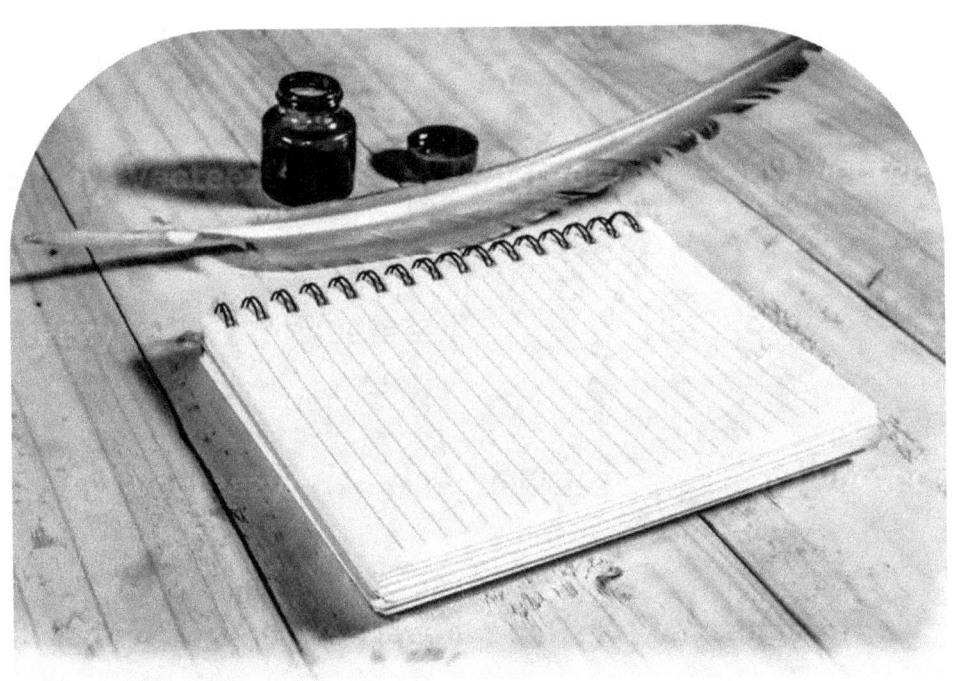

> Réveilles-toi le matin et pries car c'est le moment idéal d'entrer en intimité avec celui qui nous est le plus précieux.

02
L'intimité dans la prière
200 Pensées Inspirées

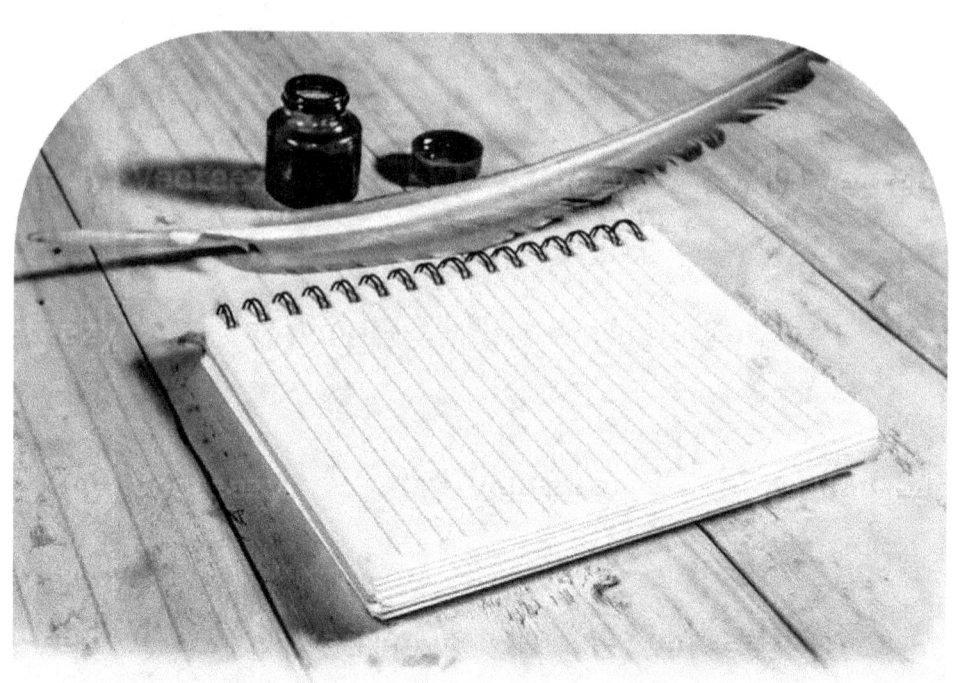

> Que l'Éternel te donne la force de te réveiller chaque matin pendant qu'il fait encore sombre pour chercher sa face.

03
L'intimité dans la prière
200 Pensées Inspirées

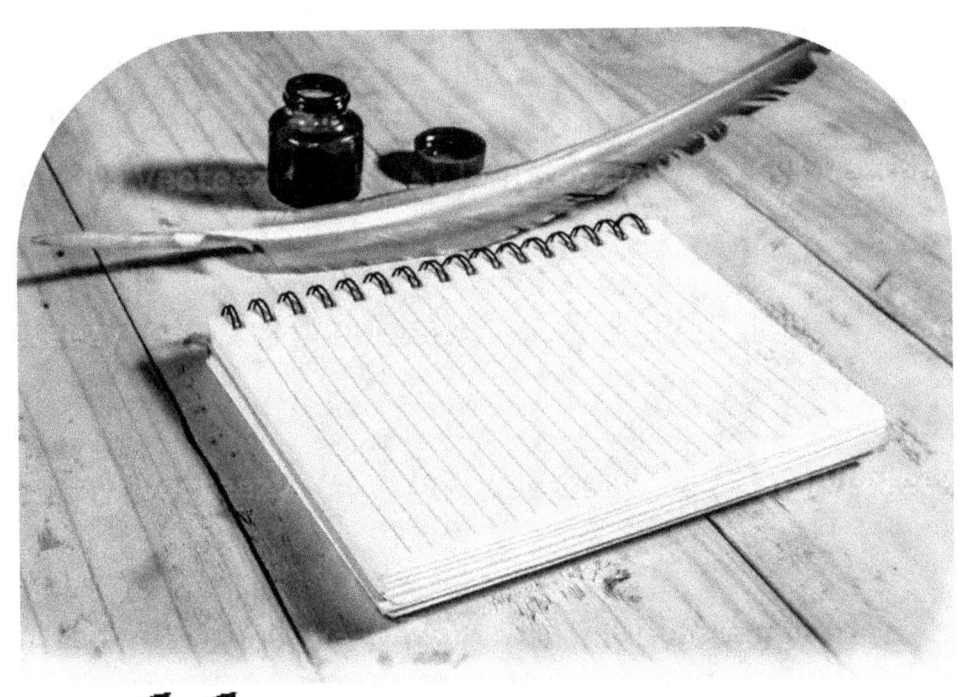

"

Tu as des promesses en Christ, c'est par la prière que tu dois les saisir et les vivre.

04
L'intimité dans la prière
200 Pensées Inspirées

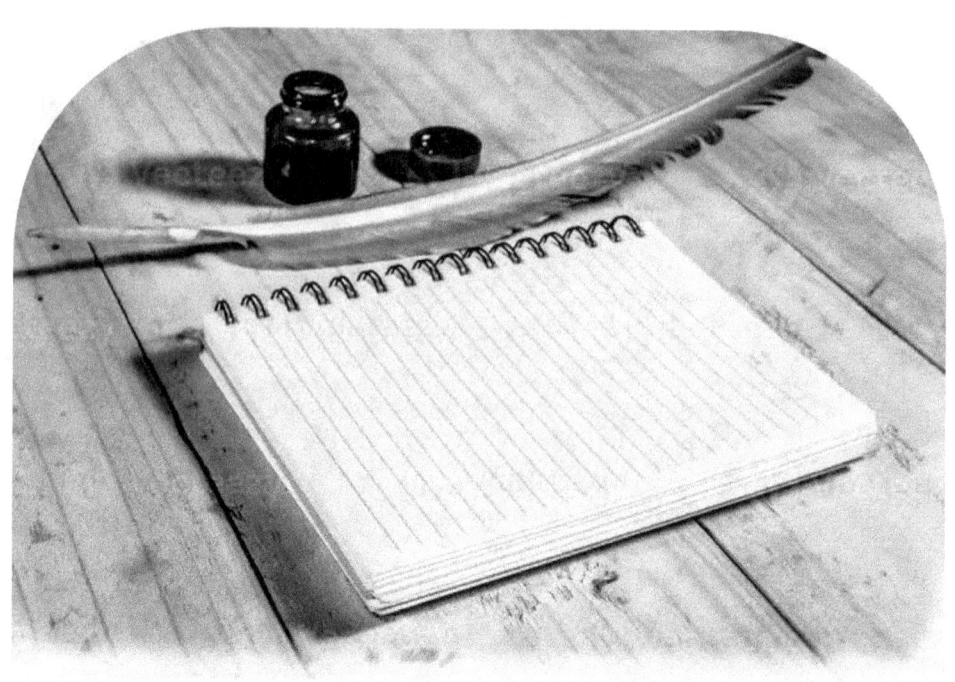

> En ayant une vision claire sur Dieu chaque matin, tu reçois une meilleure vision sur toi-même pour le reste de ta journée.

05
L'intimité dans la prière
200 Pensées Inspirées

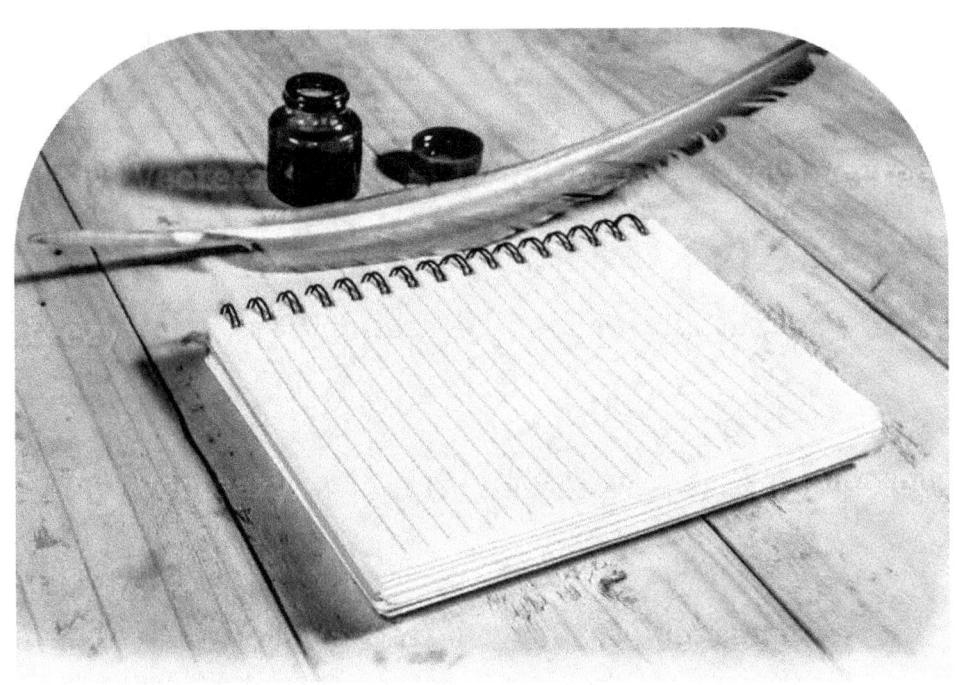

"

La prière matinale te permet de changer la malédiction en bénédiction sur ta journée.

06
L'intimité dans la prière
200 Pensées Inspirées

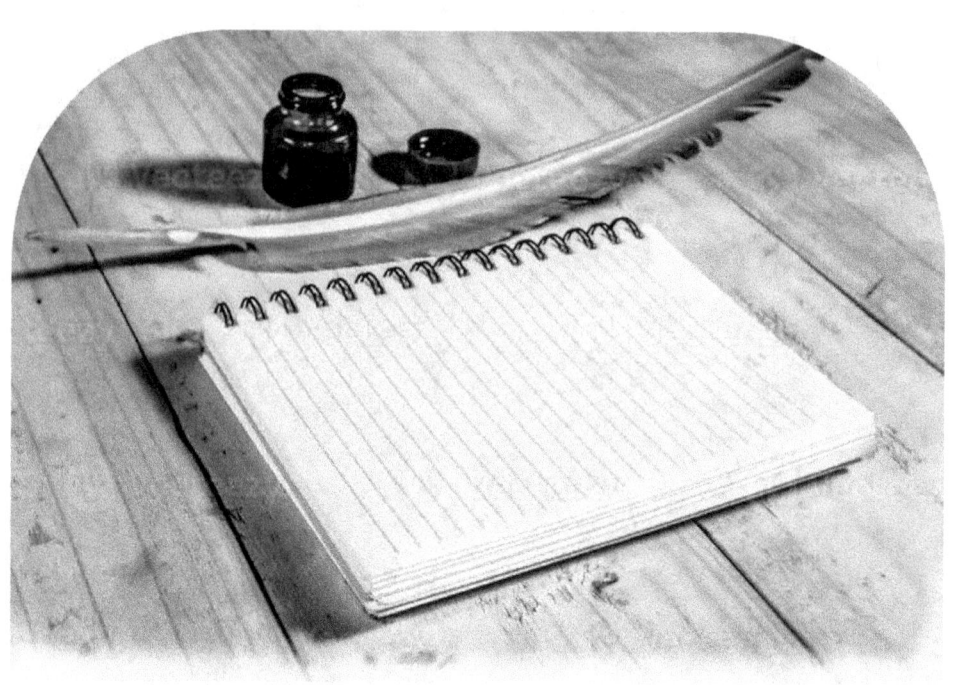

"

Parler à Dieu le matin te permet de remplir ton cœur de sa bonté avant que les réalités de la journée puissent affecter ta vie.

07
L'intimité dans la prière
200 Pensées Inspirées

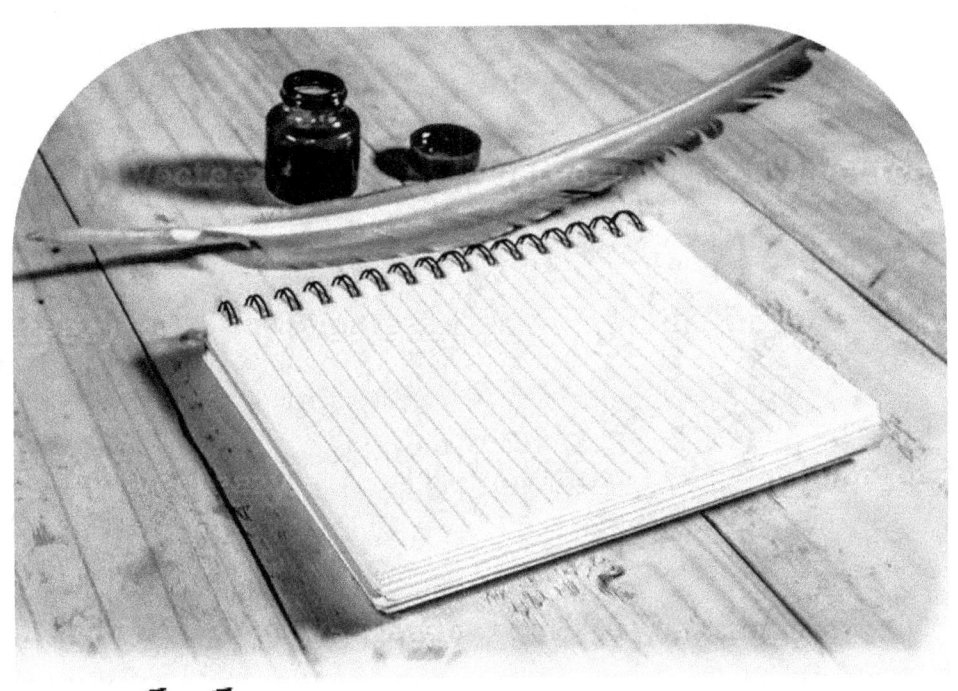

"

Ne fais pas de tes prières des monologues mais des dialogues avec le Saint-Esprit.

08
L'intimité dans la prière
200 Pensées Inspirées

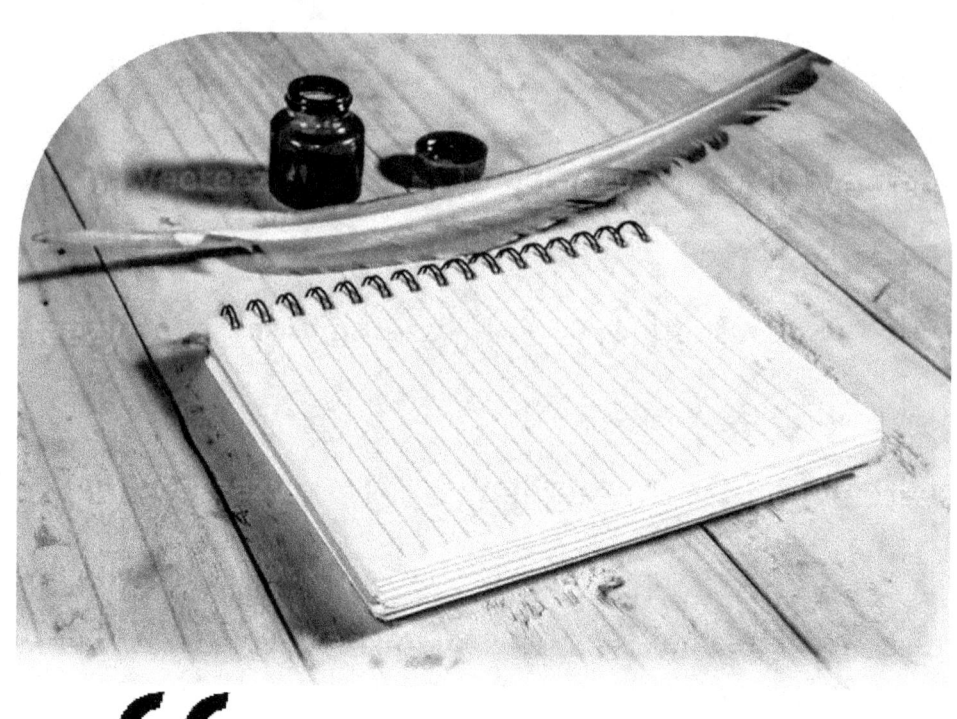

"

Deviens ami (e) de Dieu, il te révélera des choses que seuls les intimes connaissent.

09
L'intimité dans la prière
200 Pensées Inspirées

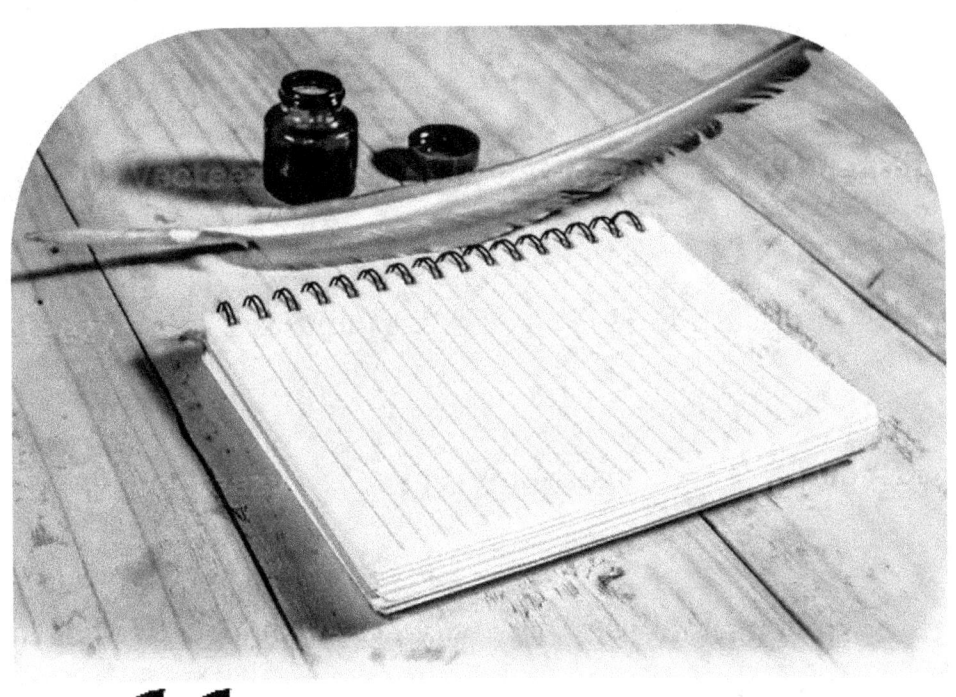

"

Ne peut faire plus pour Dieu que celui qui peut plus prier. Sois donc un homme de prière.

10
L'intimité dans la prière
200 Pensées Inspirées

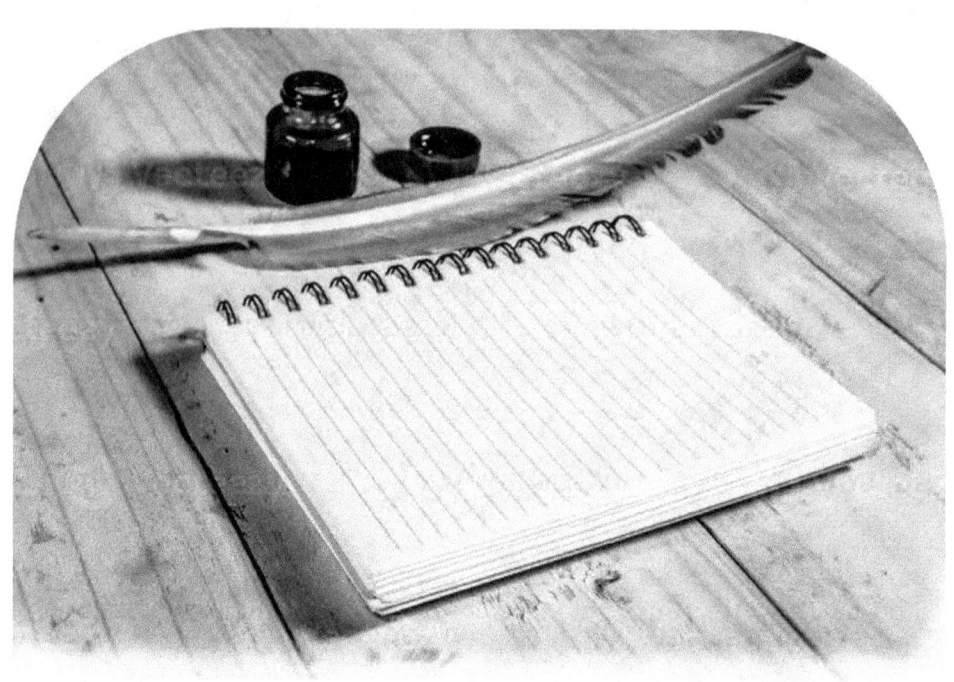

"

La prière te prépare aux combats du futur car tout homme élevé est une cible de l'ennemi, d'où l'intérêt de se préparer en prière.

11
L'intimité dans la prière
200 Pensées Inspirées

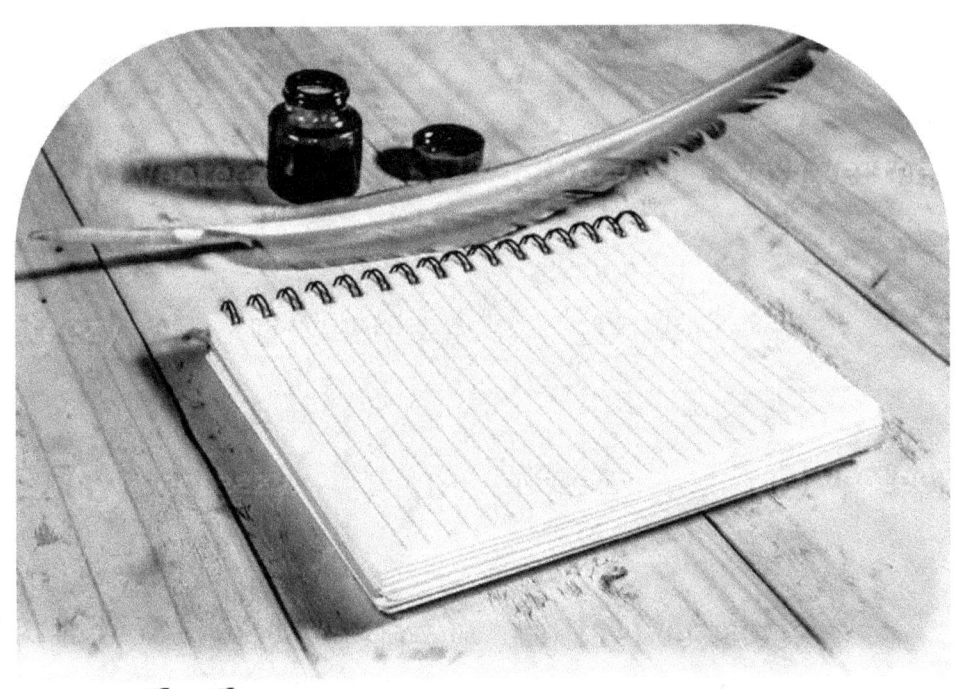

"

Une église à genoux apporte le ciel sur la terre.

12

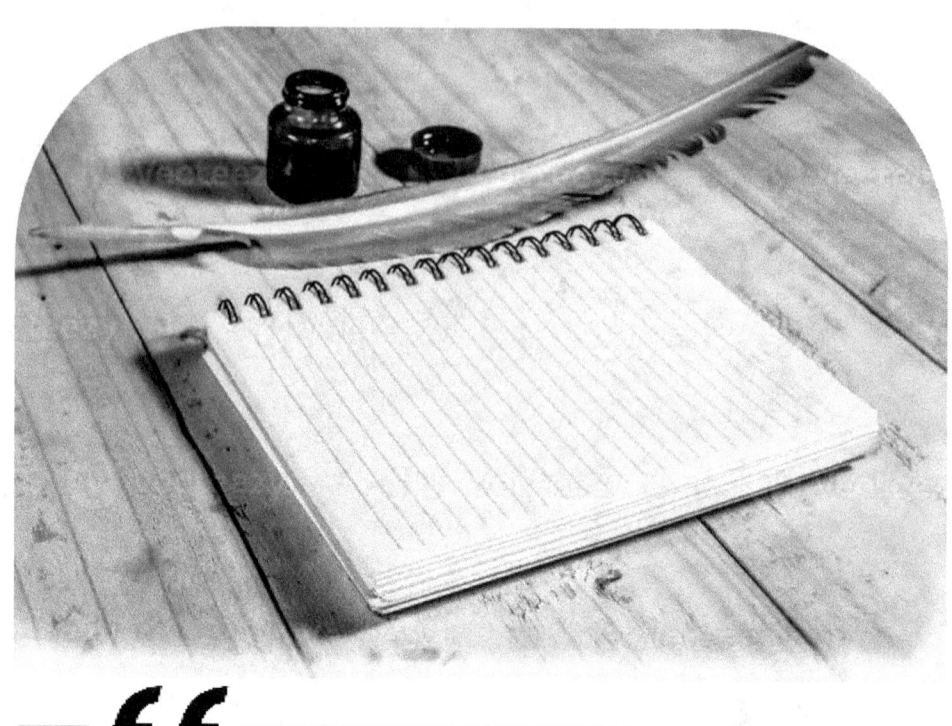

"
Relevez votre vie de prière et soyez constant et persévérant.

13
L'intimité dans la prière
200 Pensées Inspirées

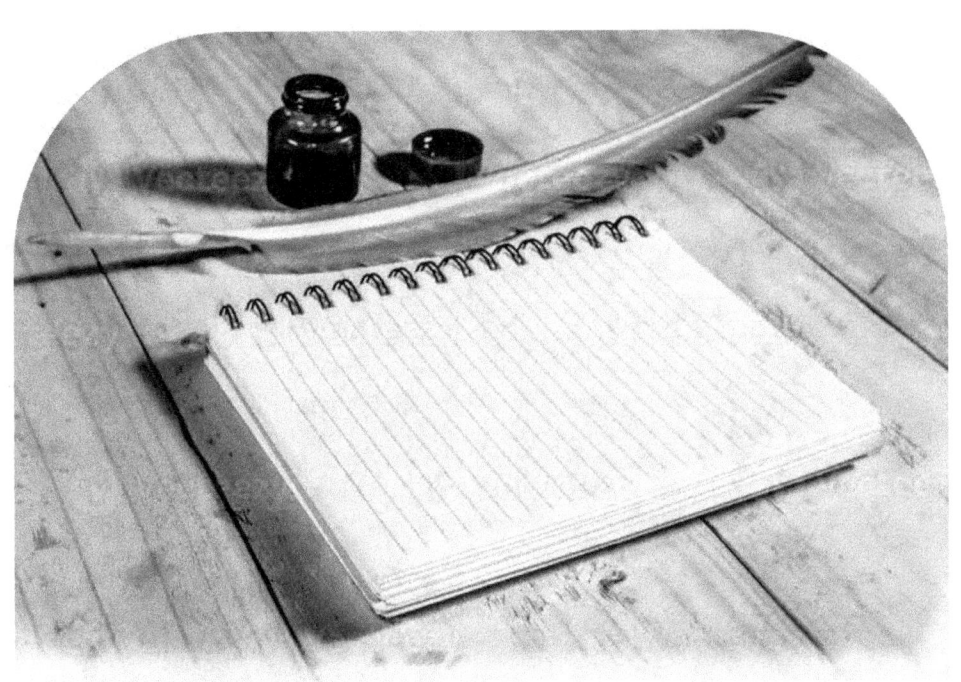

"

Un homme de prière est celui qui consacre sa vie à la recherche permanente de la présence de Dieu.

14
L'intimité dans la prière
200 Pensées Inspirées

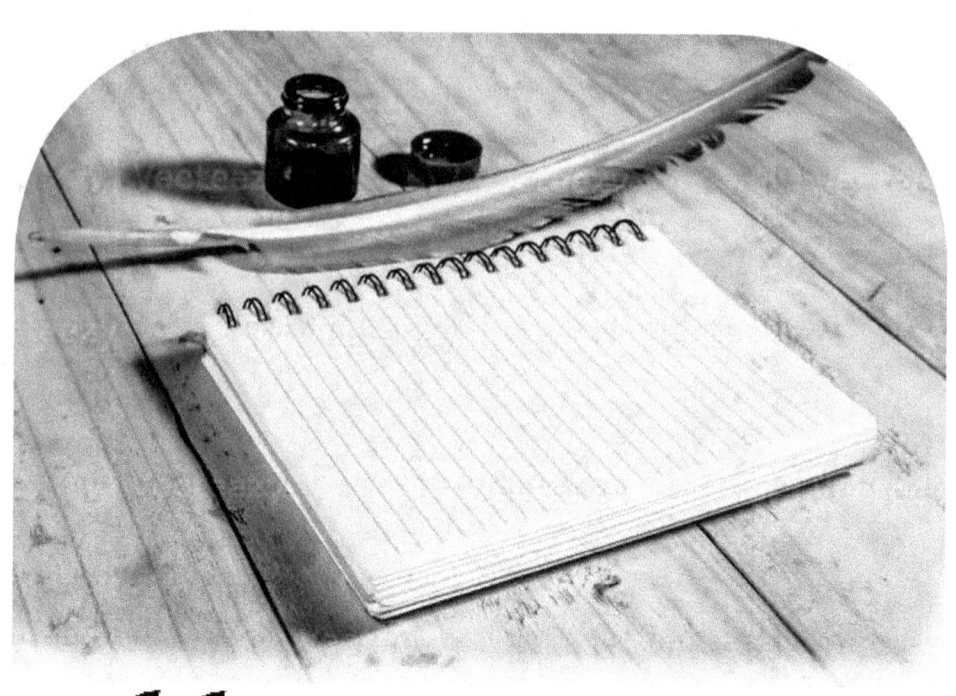

"

Une véritable vie de prière demande de la constance, elle est le secret des prières puissantes.

15
L'intimité dans la prière
200 Pensées Inspirées

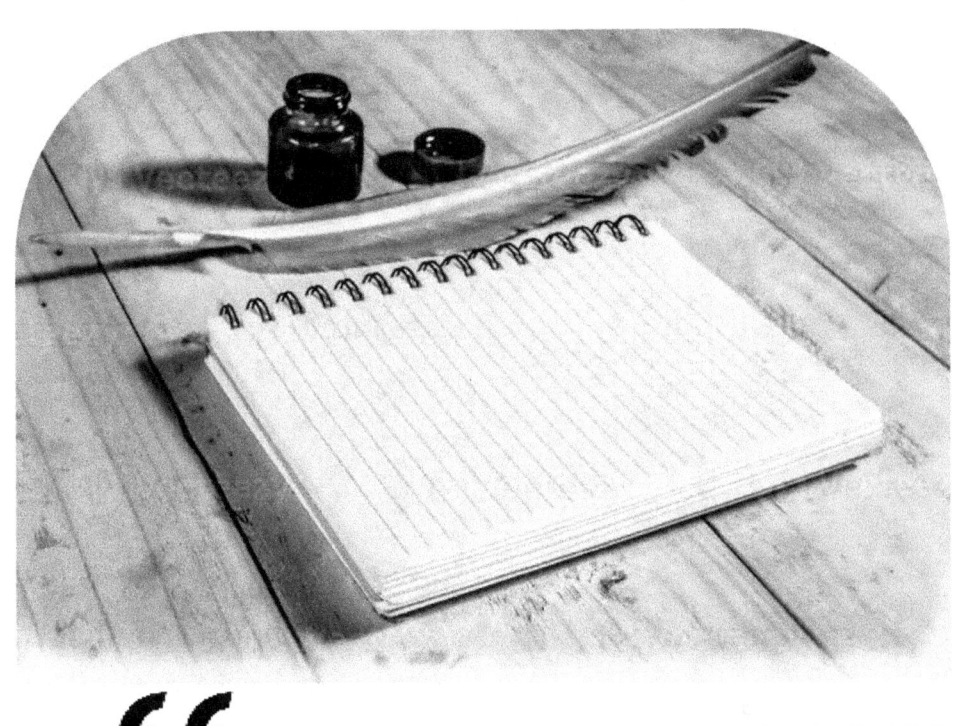

"
La prière est un déclencheur des bénédictions célestes.

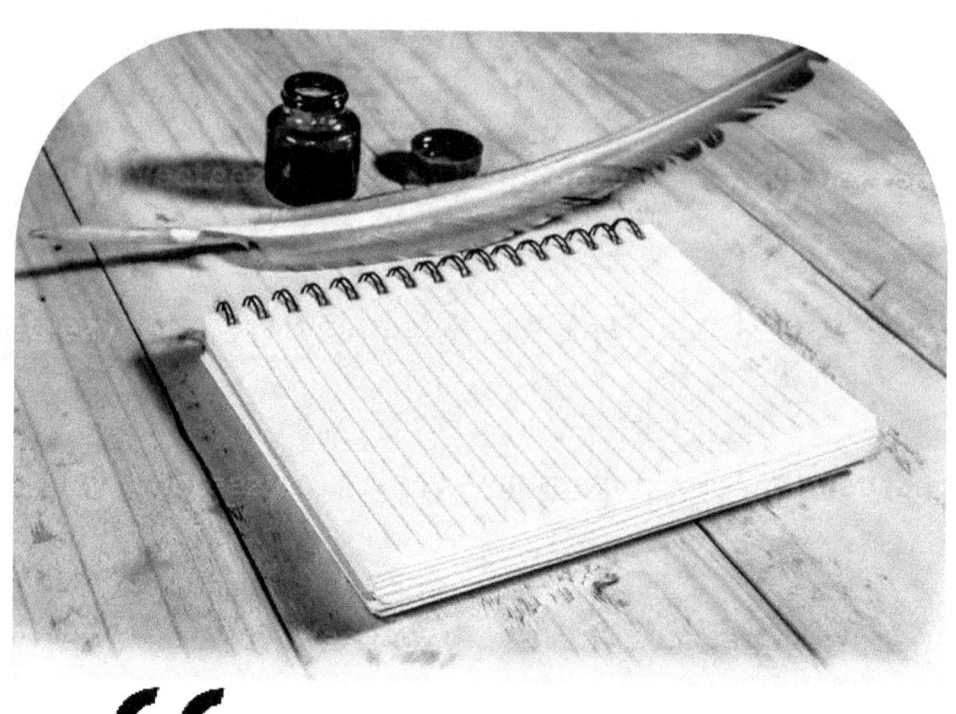

“

Un parent qui prit facilite la vie de sa descendance.

17
L'intimité dans la prière
200 Pensées Inspirées

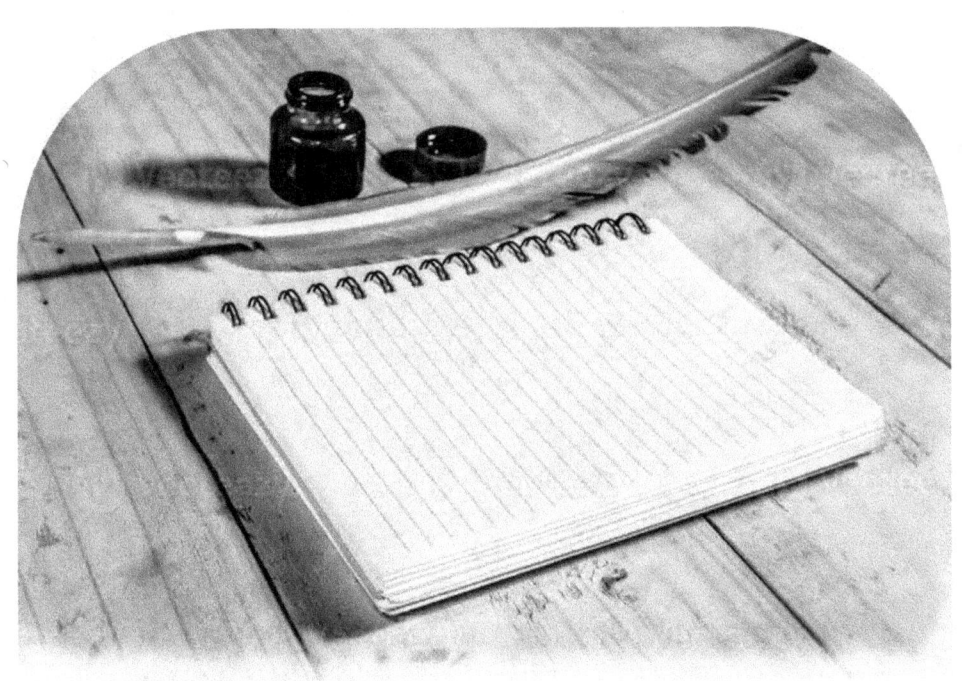

"
Que la prière soit ta clé du matin et ton verrou du soir.

18
L'intimité dans la prière
200 Pensées Inspirées

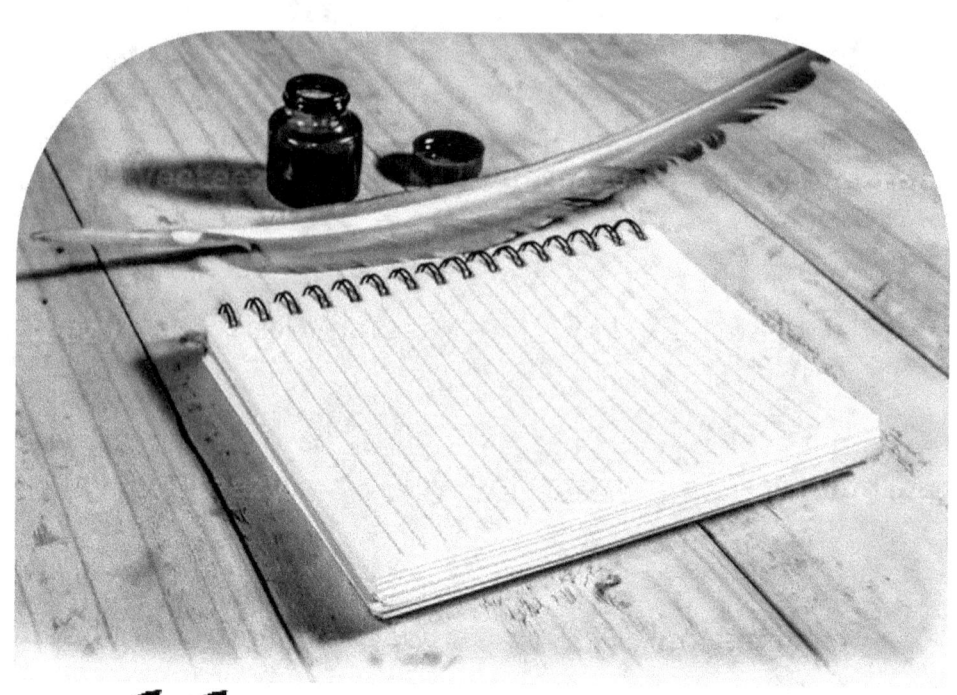

"
La prière nous dispose à recevoir les grâces du Seigneur.

19
L'intimité dans la prière
200 Pensées Inspirées

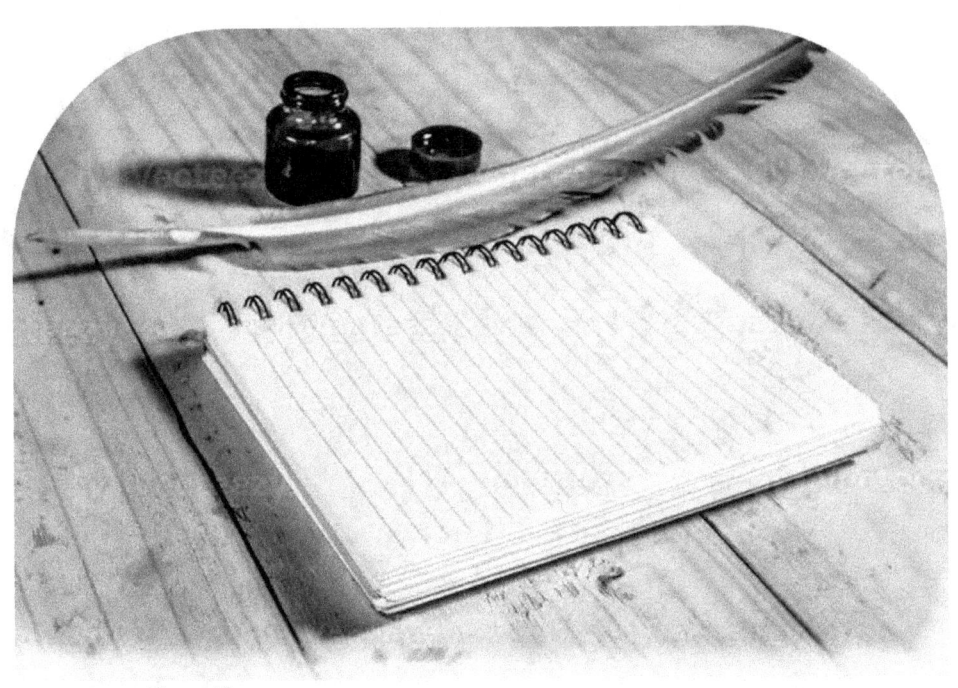

"
Pries de sorte à engendrer ta destinée comme le cas de Anne.

20
L'intimité dans la prière
200 Pensées Inspirées

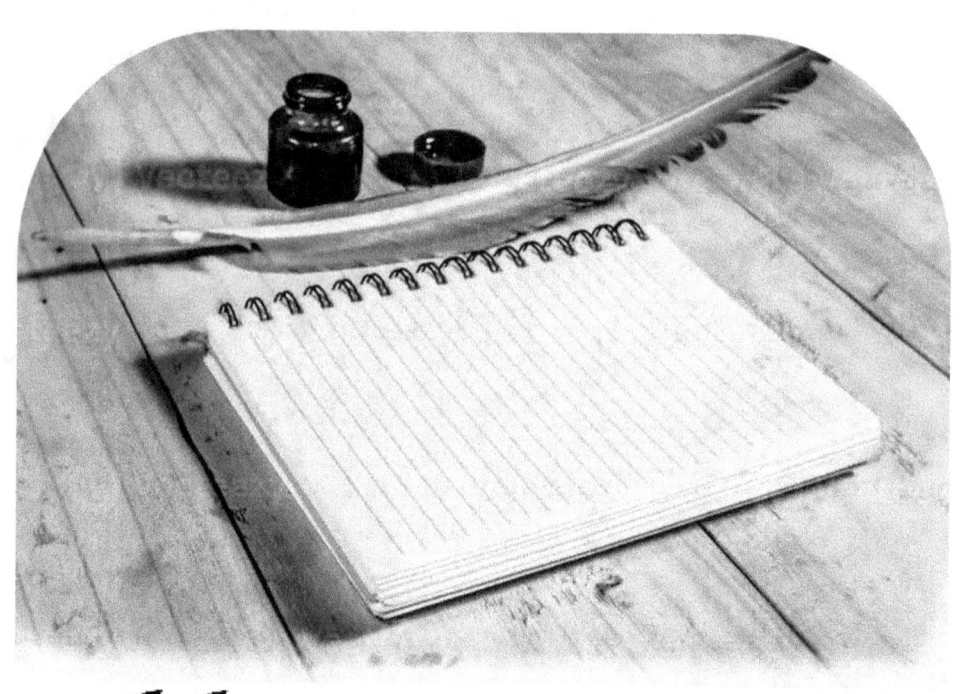

"

Aussi longtemps que ta joie n'est pas à son comble, tu te dois de prier et de le faire sans cesse.

21
L'intimité dans la prière
200 Pensées Inspirées

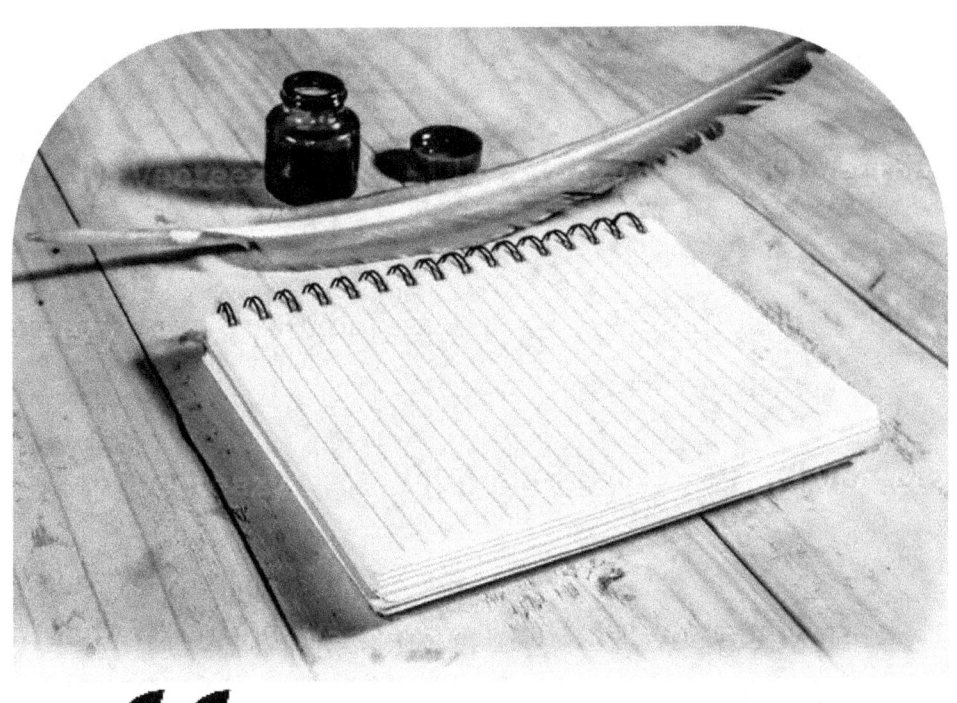

"

Ne fais pas de tes heures de prières des trophées pour te vanter mais pour accroître ton intimité avec le Seigneur.

22
L'intimité dans la prière
200 Pensées Inspirées

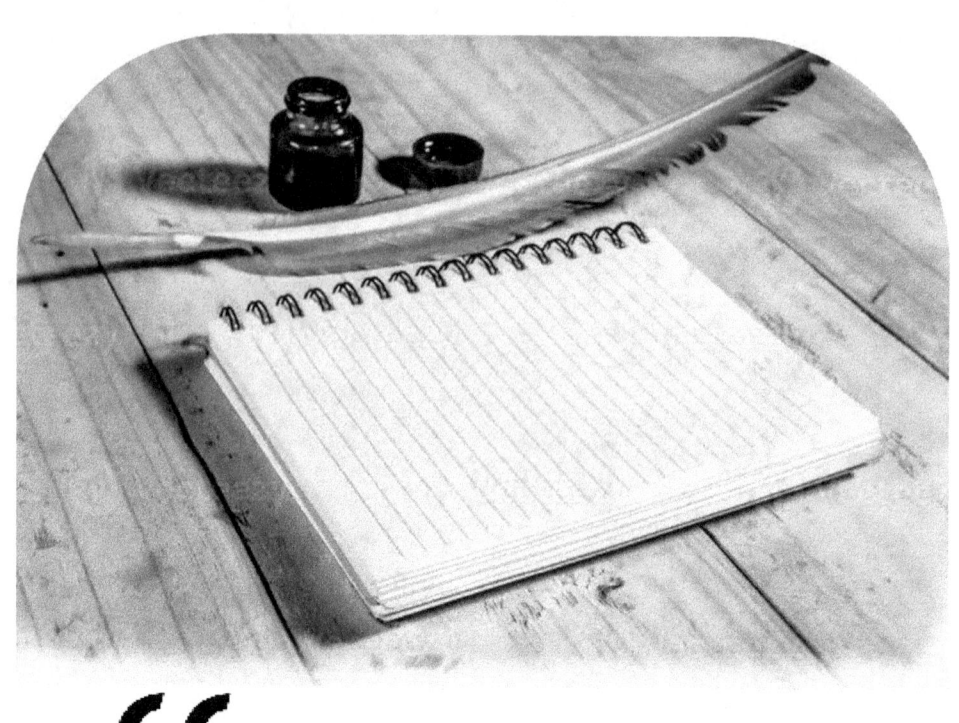

"

Certaines choses ne vous quitteront que lorsque vous deviendrez ami du Seigneur.

23
L'intimité dans la prière
200 Pensées Inspirées

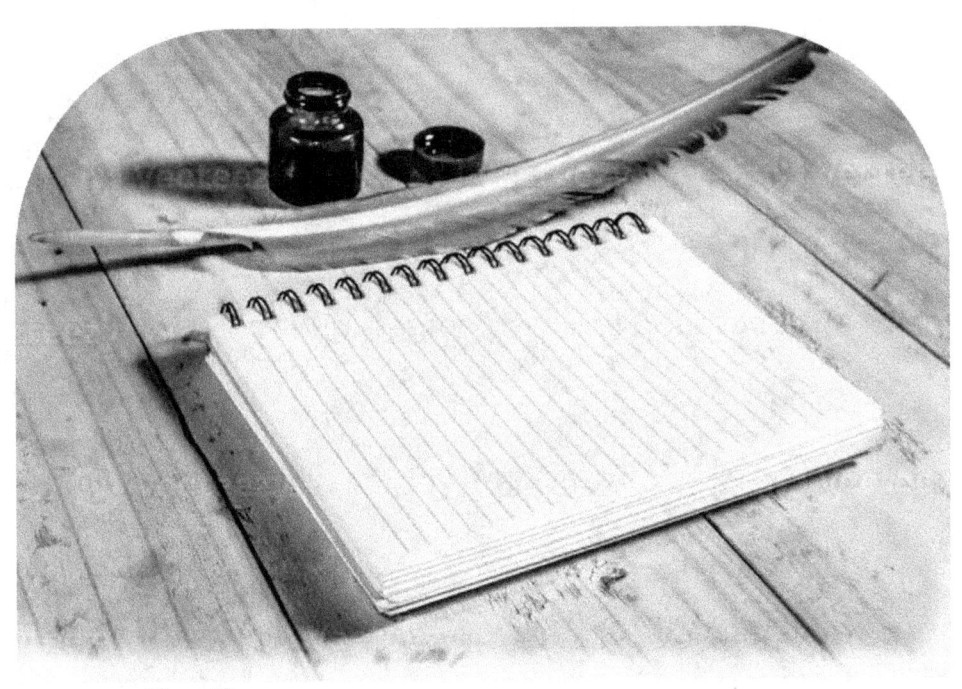

"

Que la prière soit pour vous un moyen de rester en communion avec Dieu et non pas qu'une voie de recours en cas de problème.

24
L'intimité dans la prière
200 Pensées Inspirées

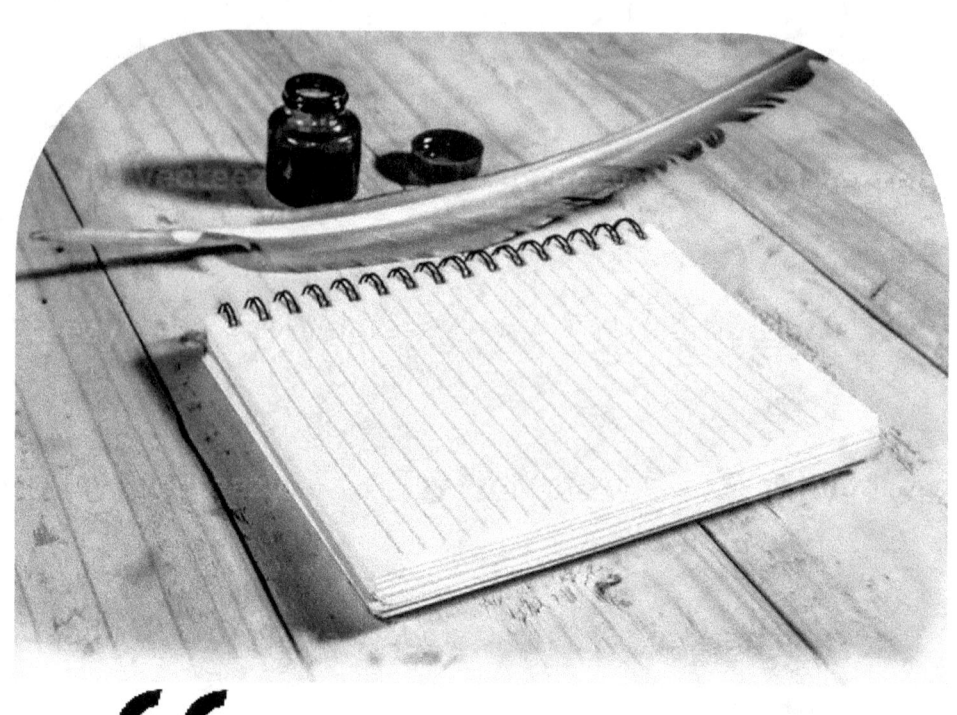

"

Un intime du Seigneur n'a pas besoin seulement d'exaucement mais de manifester Christ.

25
L'intimité dans la prière
200 Pensées Inspirées

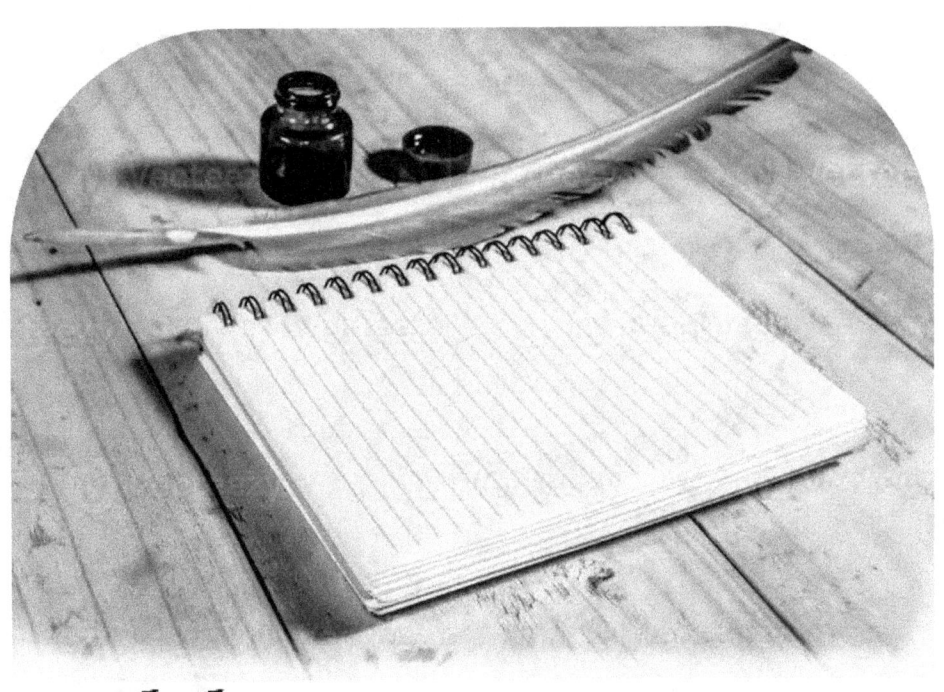

"

La puissance de la prière dépend de la connaissance et de la vérité qui sont en toi.

26
L'intimité dans la prière
200 Pensées Inspirées

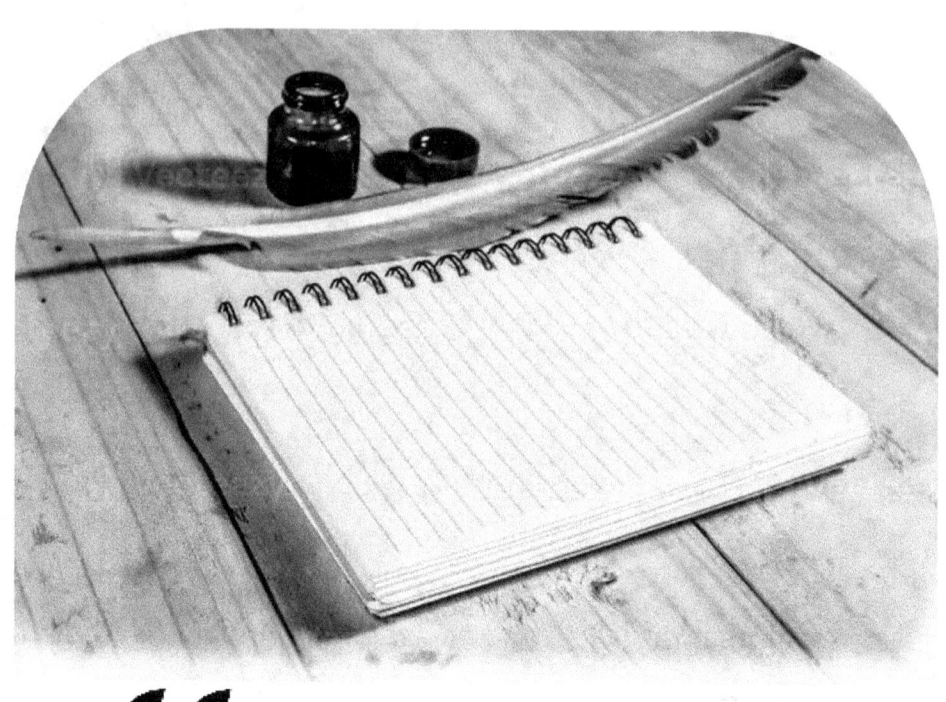

"

Chaque fois que tu t'exerces à dire la vérité, tu deviens ferme en Christ et le mal ne peut t'ébranler.

27
L'intimité dans la prière
200 Pensées Inspirées

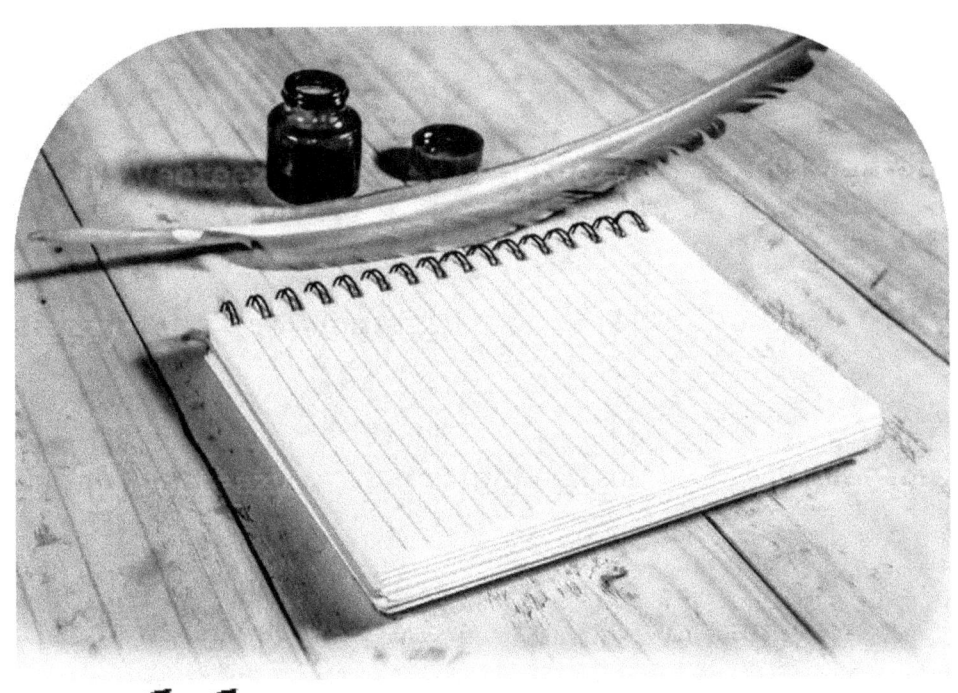

"

Exprimes clairement et avec précision dans la prière ce que tu veux pour l'obtenir.

28

L'intimité dans la prière
200 Pensées Inspirées

Chapitre II
LE PECHE

Car tous ont péché et sont privés de la gloire de Dieu. **Romains 3.23**

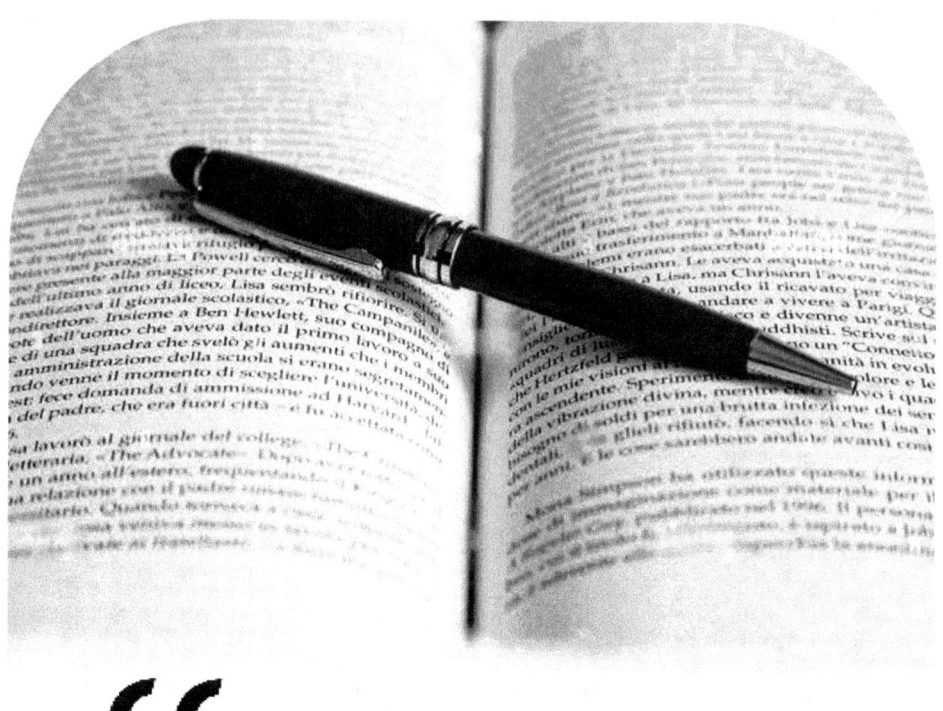

"
Le péché t'amènera de mal en pire.

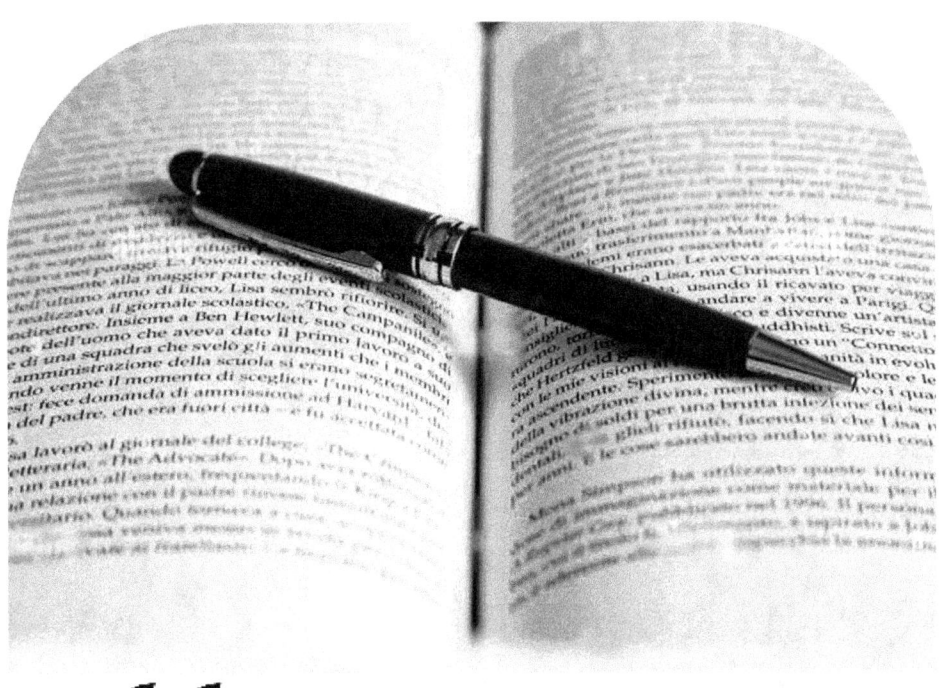

> Il n'y a pas de diplomatie dans le péché ; le péché est péché et il détruit.

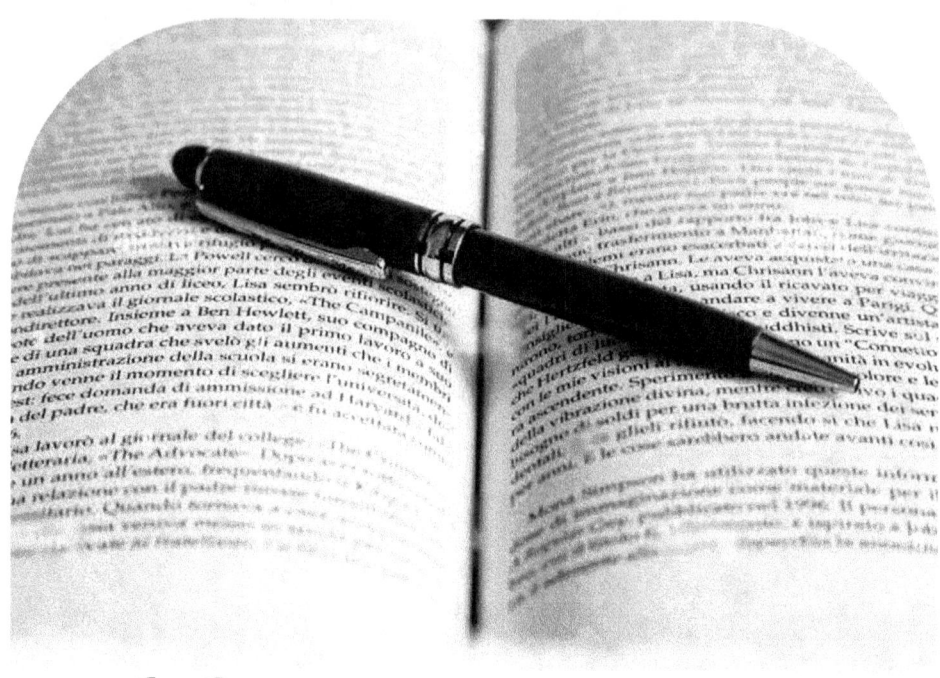

> Normaliser des petites choses dangereuses peut-être un piège du diable pour te faire tomber profondément dans le mal.

31
Le péché
200 Pensées Inspirées

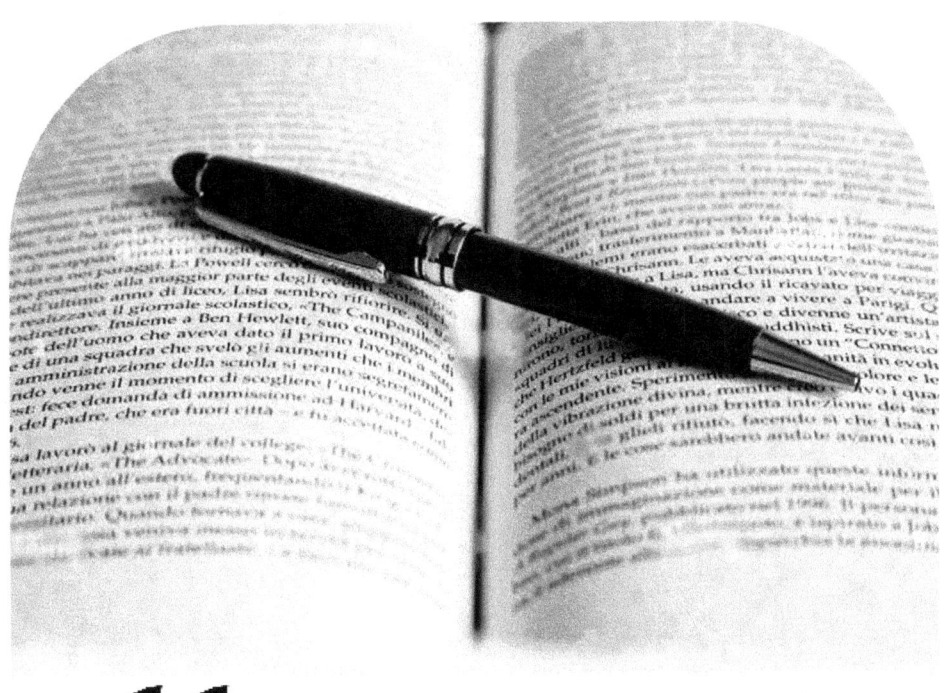

> L'œuvre de la croix est plus puissante que le péché ; que Dieu te pardonne et te purifie de tout péché.

32
Le péché
200 Pensées Inspirées

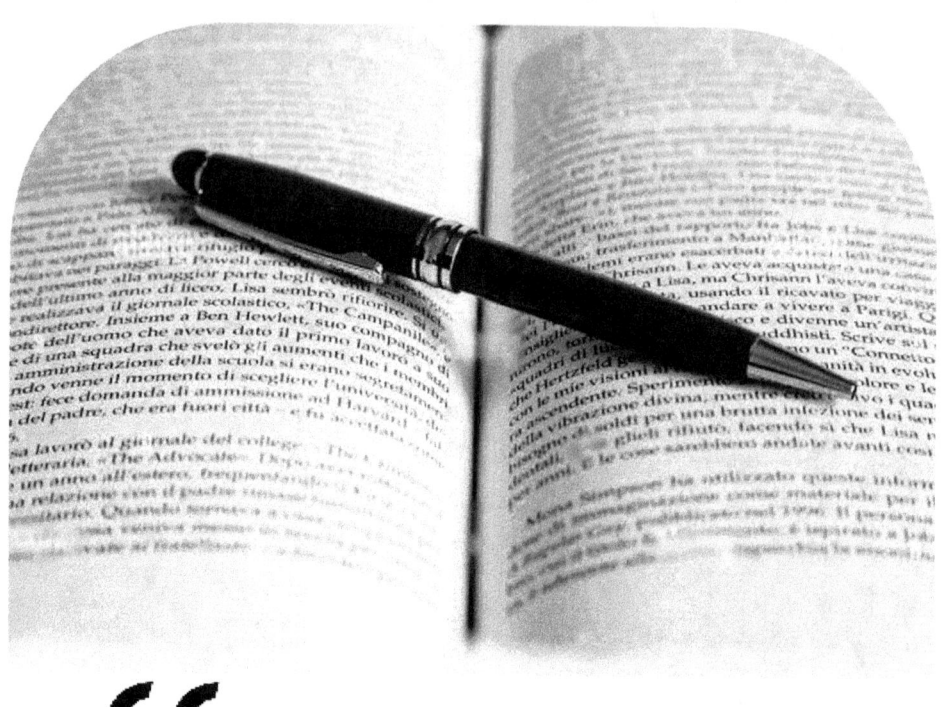

"

Avant de t'attaquer, le diable s'en prendra d'abord à ton intimité avec Dieu.

33
Le péché
200 Pensées Inspirées

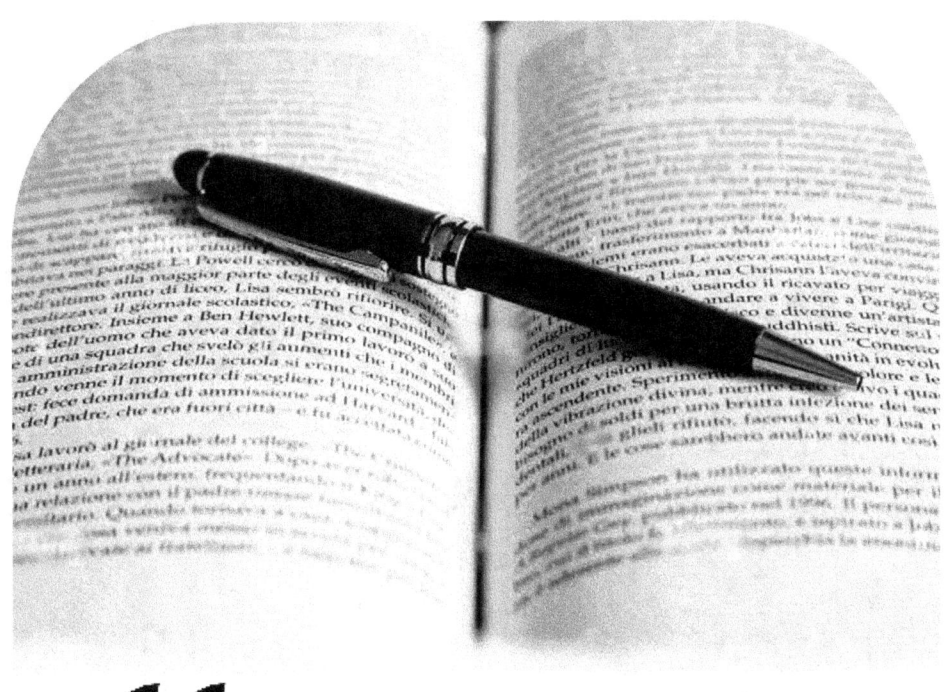

"
La personne devant laquelle tu te sens attiré en dehors de ton partenaire est celle que le diable pourrait utiliser pour te faire pêcher.

34
Le péché
200 Pensées Inspirées

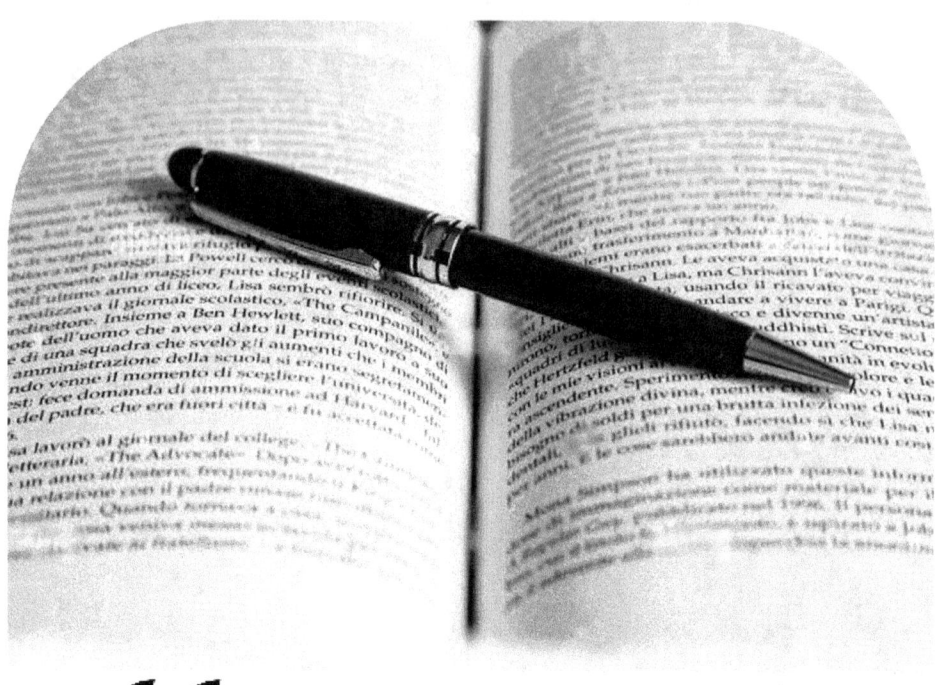

"
Le mariage n'est pas une délivrance de l'impudicité.

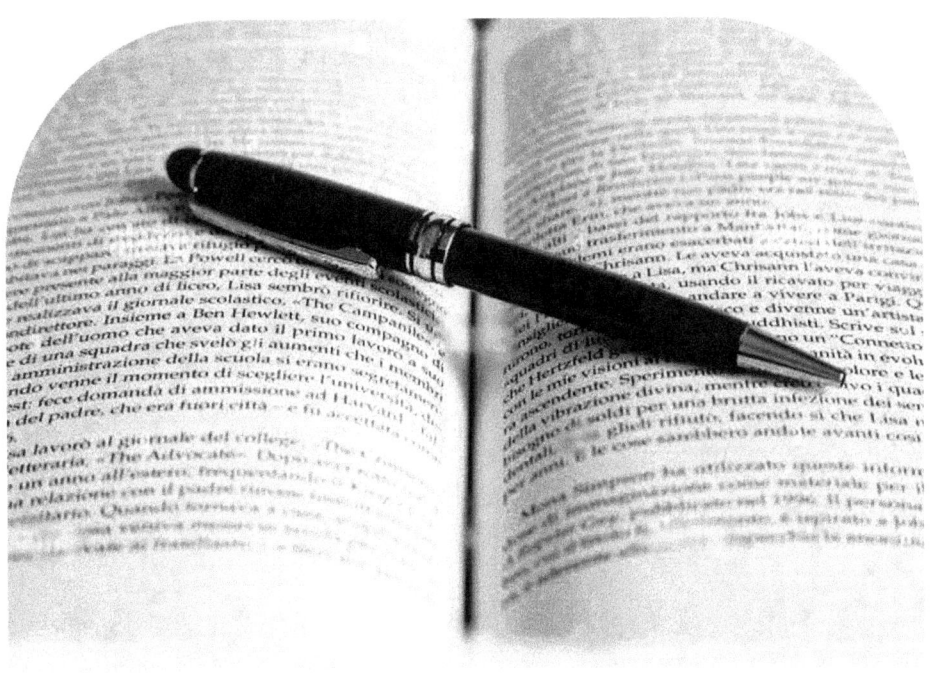

> Aucune fille sérieuse ne peut accepter de prendre l'argent d'un homme marié qui la drague, car prendre revient à être redevable.

36
Le péché
200 Pensées Inspirées

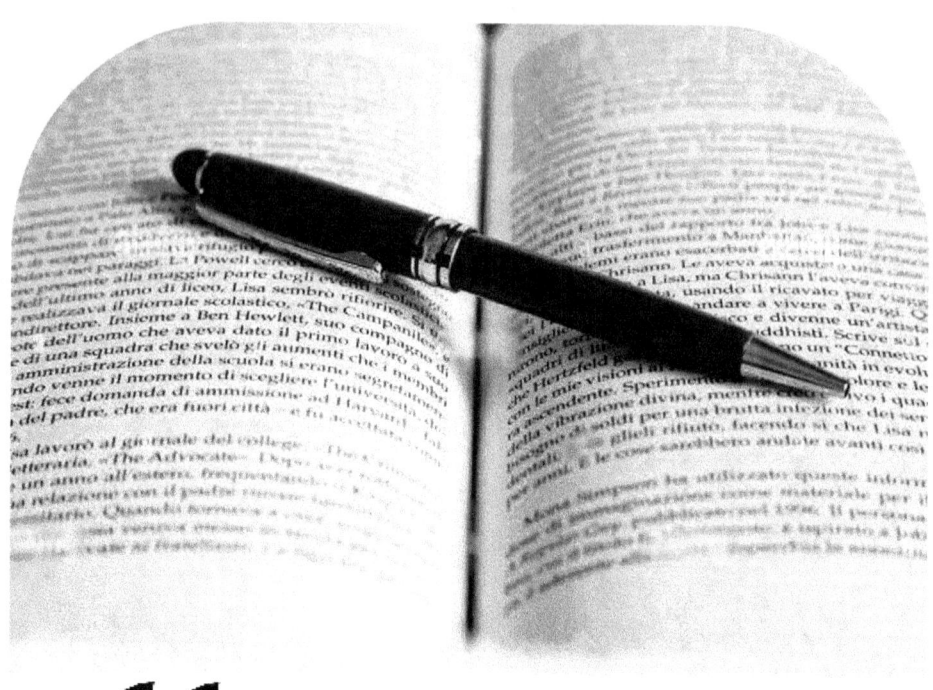

> L'impudicité ouvre la porte à tous les démons et ils entrent dans la vie de la personne sans demander permission.

37
Le péché
200 Pensées Inspirées

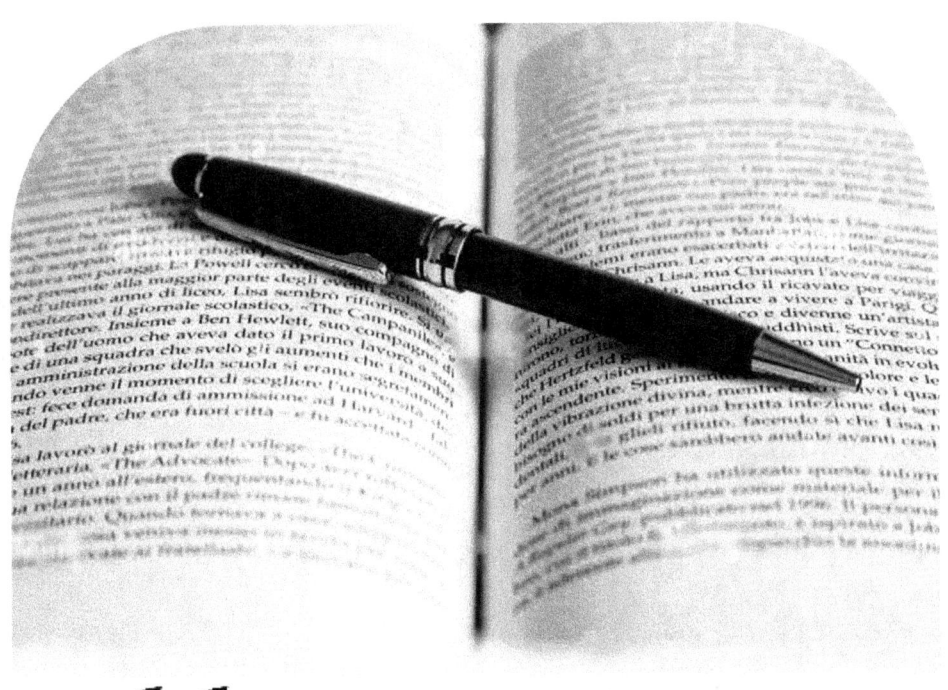

"

L'esprit de l'impudicité vient avec ces objectifs : t'éteindre spirituellement et t'empêcher d'obéir à Dieu.

38
Le péché
200 Pensées Inspirées

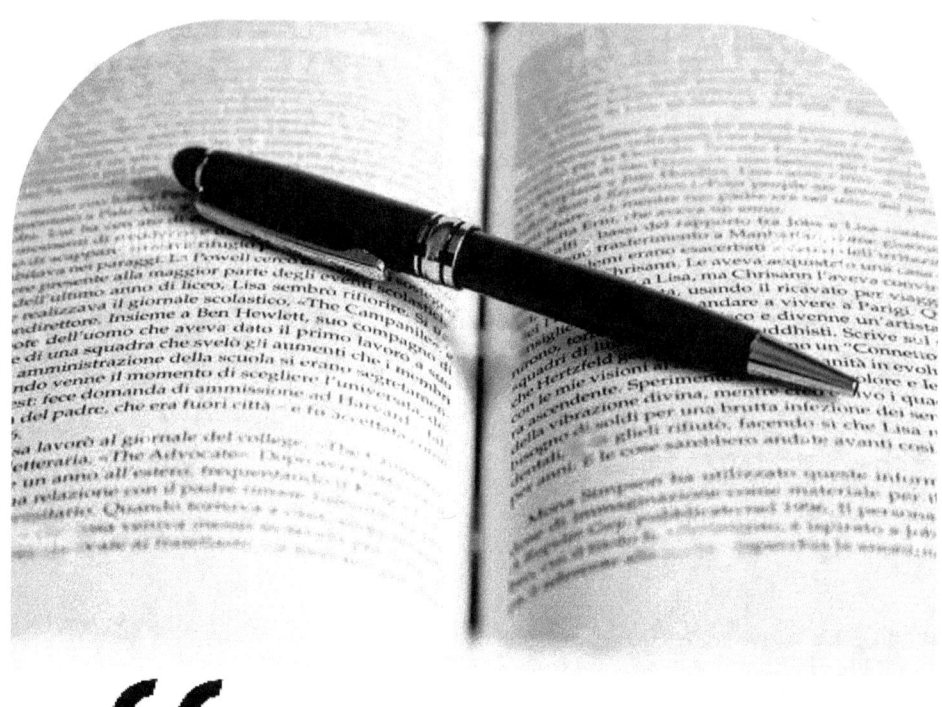

> De nos jours sur les réseaux sociaux, le contenu sexuel est le plus regardé.

39
Le péché
200 Pensées Inspirées

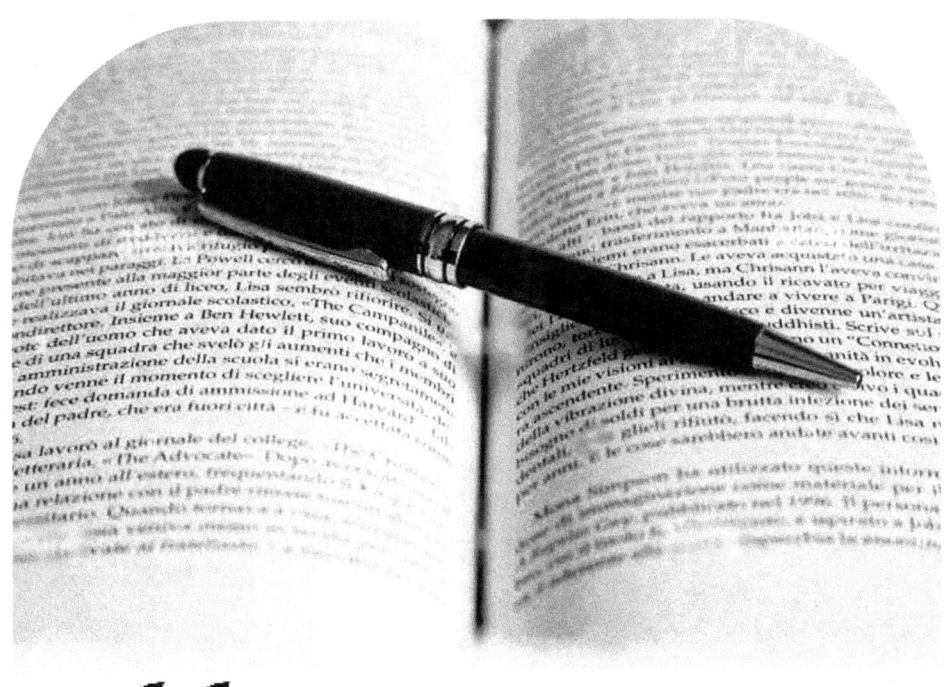

> L'impudique doit confesser son péché et le délaisser puisque les impudiques n'hériteront pas le royaume des cieux.

40
Le péché
200 Pensées Inspirées

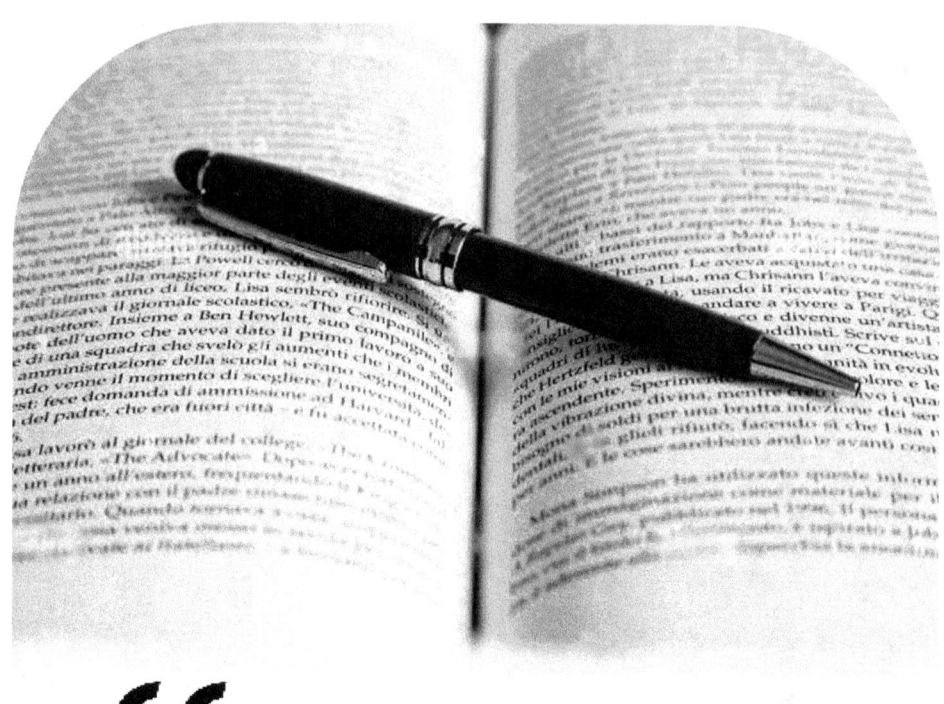

"

N'acceptes jamais d'être une pierre d'achoppement pour le sexe opposé à cause d'un langage ou une attitude légère.

41
Le péché
200 Pensées Inspirées

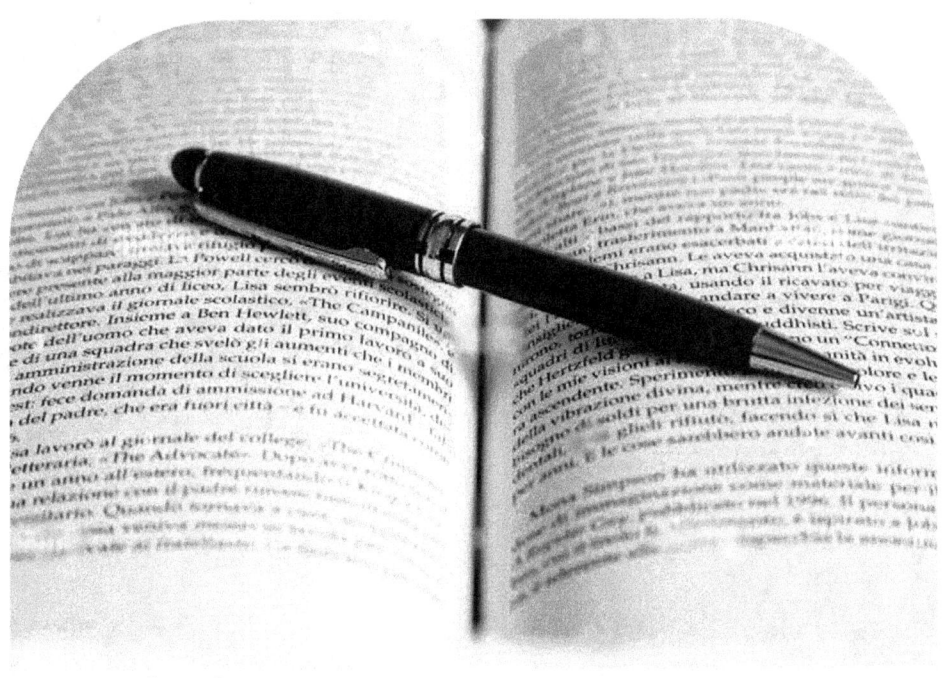

"

Le chrétien se doit d'être beau, charmant mais pas une occasion de chute pour les autres.

42
Le péché
200 Pensées Inspirées

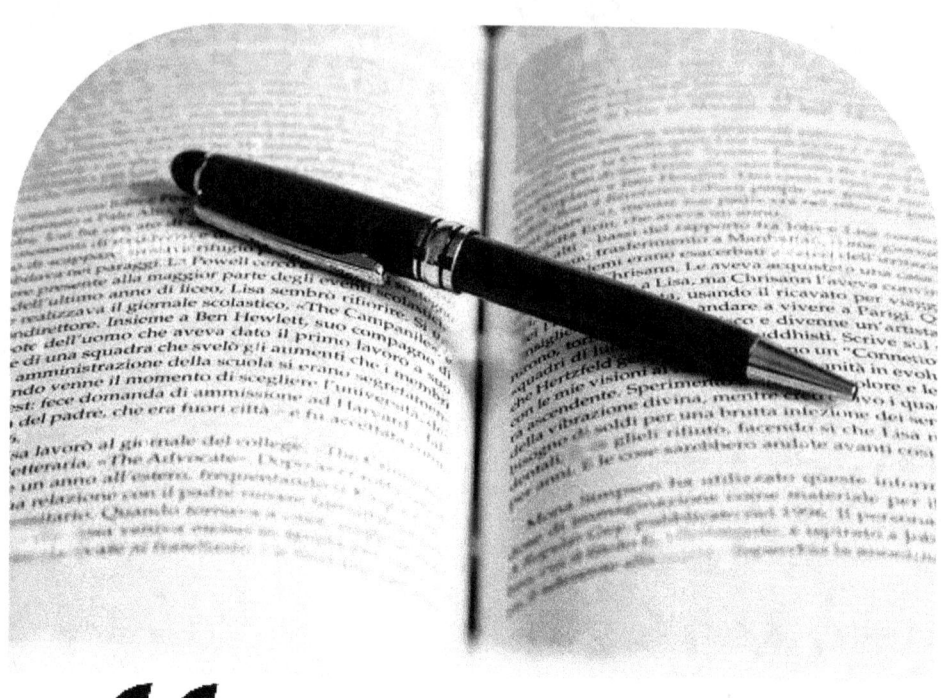

> Avoir des relations intimes hors mariage n'est pas seulement une faiblesse mais aussi une porte aux démons.

43
Le péché
200 Pensées Inspirées

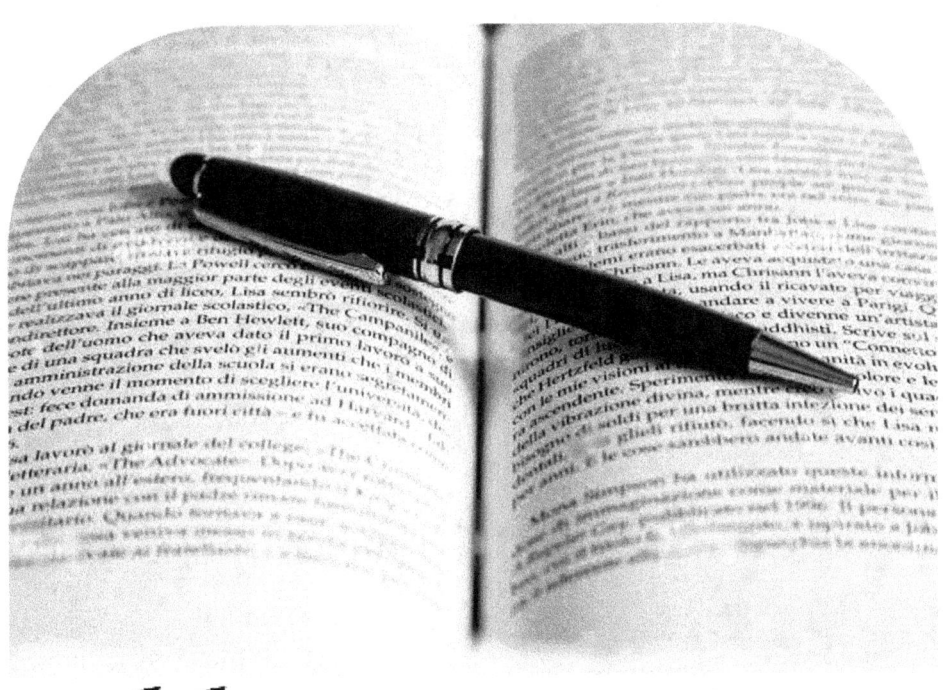

"

Ayez la révélation de la voix de Dieu, ayez également le discernement de la voix du diable afin de ne pas tomber dans l'erreur.

44
Le péché
200 Pensées Inspirées

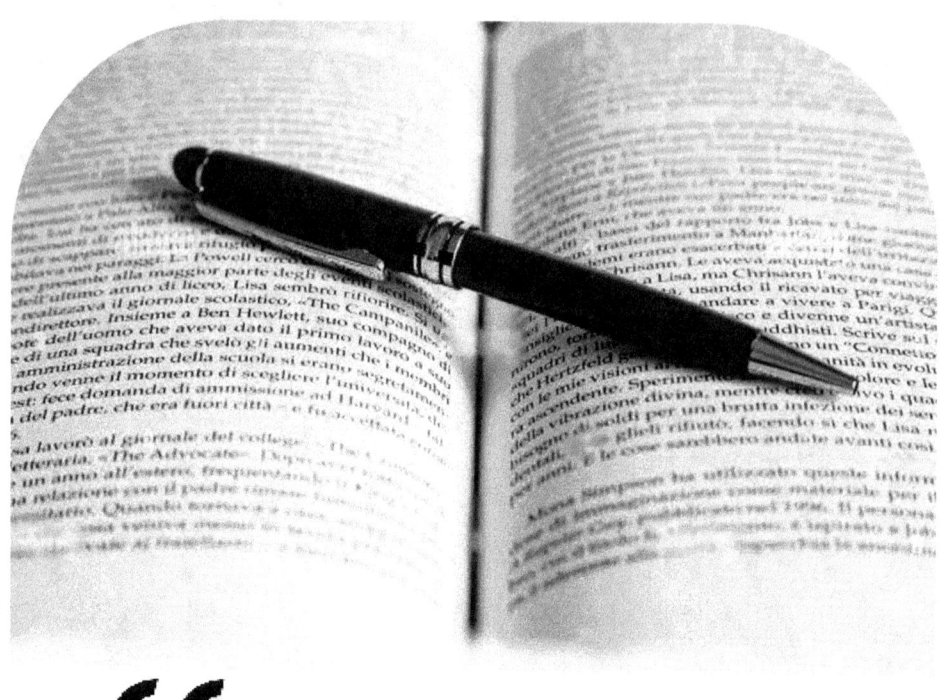

"

Le diable va utiliser ton péché passé comme une arme pour neutraliser ta vie de prière.

45
Le péché
200 Pensées Inspirées

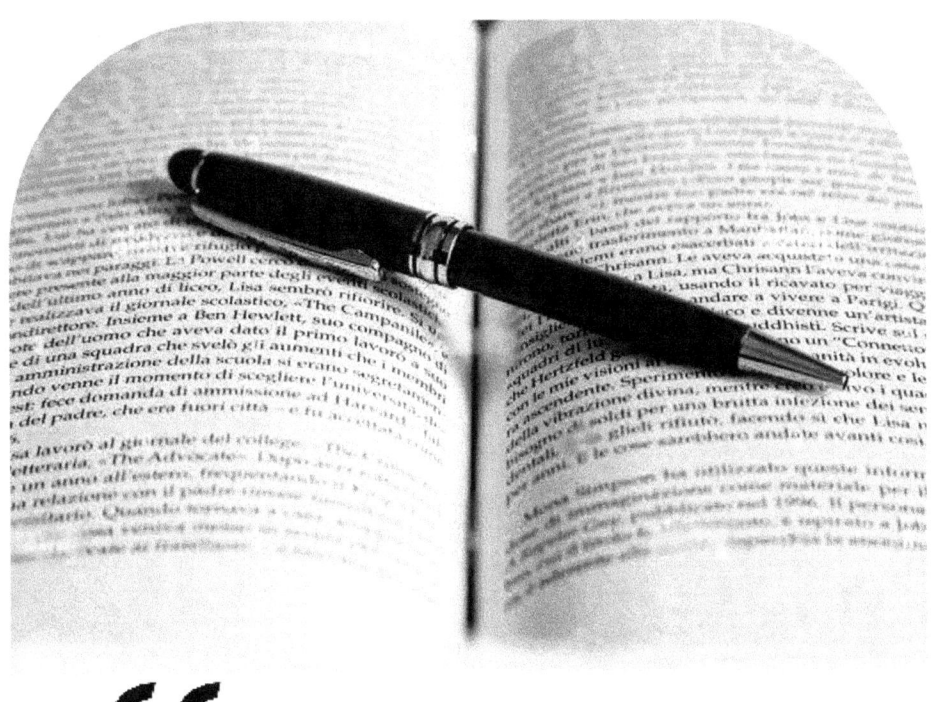

"
Tu n'as pas juste reçu la volonté de vaincre le péché, mais aussi la puissance de le dominer.

46
Le péché
200 Pensées Inspirées

Chapitre III
LA PAROLE DE DIEU

Je serre ta parole dans mon cœur, Afin de ne pas pécher contre toi. **Psaumes 119.11**

> Plus tu te nourris de la parole de Dieu, plus ta capacité d'obéir à Dieu grandie.

47
La parole de Dieu
200 Pensées Inspirées

"
Es-tu influencé sur les réseaux sociaux vers Christ ou vers le monde ?

48
La parole de Dieu
200 Pensées Inspirées

"

La victoire dans le monde spirituel ne dépend pas de ce qu'on fait, mais de ce qu'on croit.

"

Bats-toi tous les jours contre toi-même afin de vaincre ton homme intérieur et te livrer totalement au Seigneur.

50
La parole de Dieu
200 Pensées Inspirées

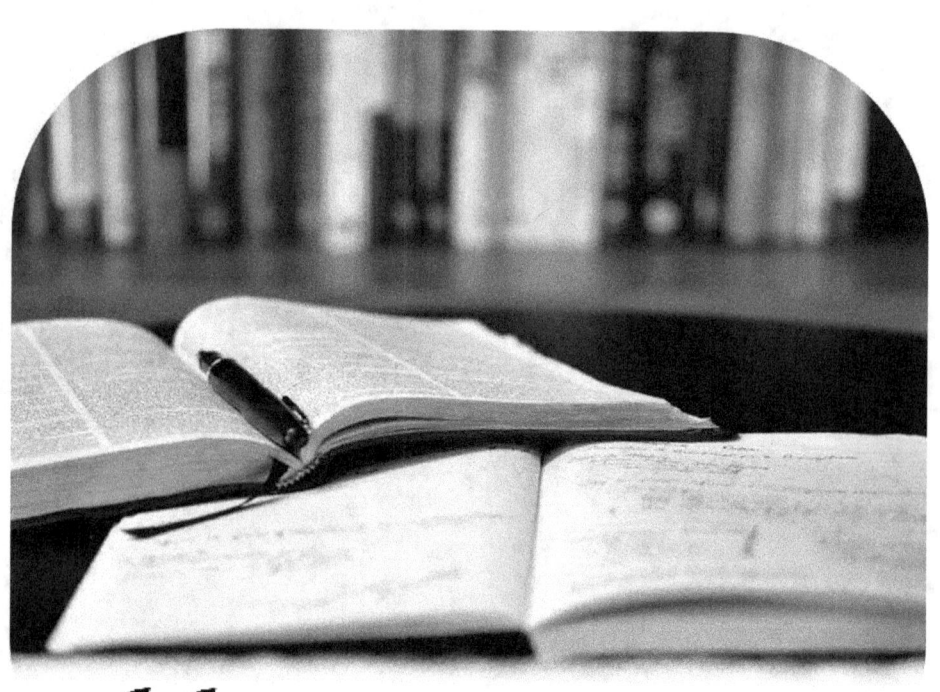

" On commence à vivre ses promesses lorsqu'on comprend ce que l'Éternel dit sur soi et qu'on y met la foi.

51
La parole de Dieu
200 Pensées Inspirées

"
L'ignorance de la parole et de la volonté de Dieu ouvre une porte à l'ennemi.

52
La parole de Dieu
200 Pensées Inspirées

Chapitre IV
JÉSUS-CHRIST LE SEUL MEDIATEUR

Car il y a un seul Dieu, et aussi un seul médiateur entre Dieu et les hommes, Jésus Christ homme.
1Timothée 2.5

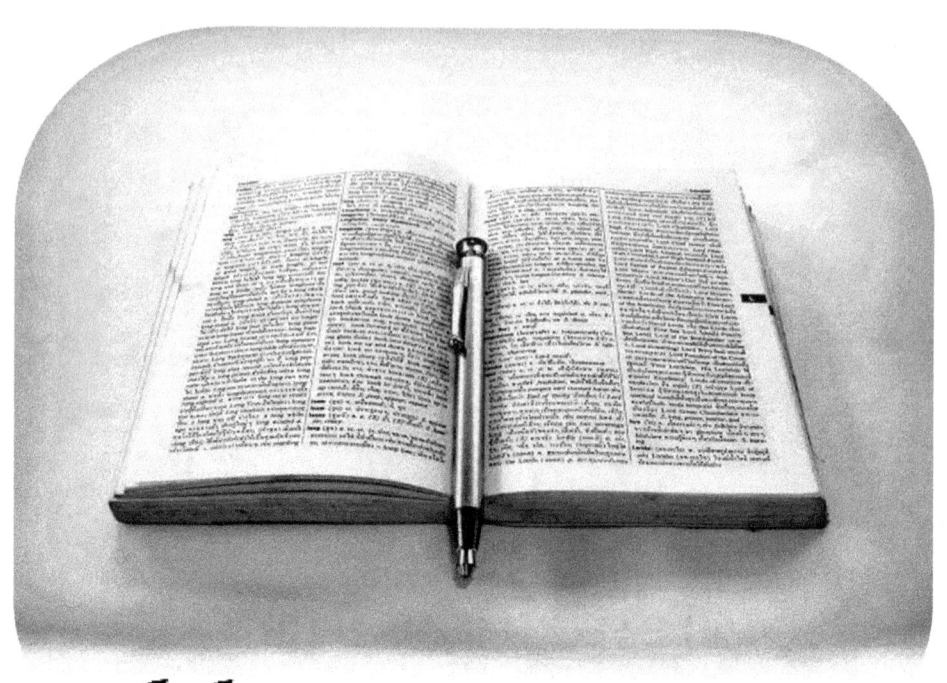

"
Jésus-Christ est notre seul médiateur, maman n'y est pour rien.

53
Jésus-Christ le seul médiateur
200 Pensées Inspirées

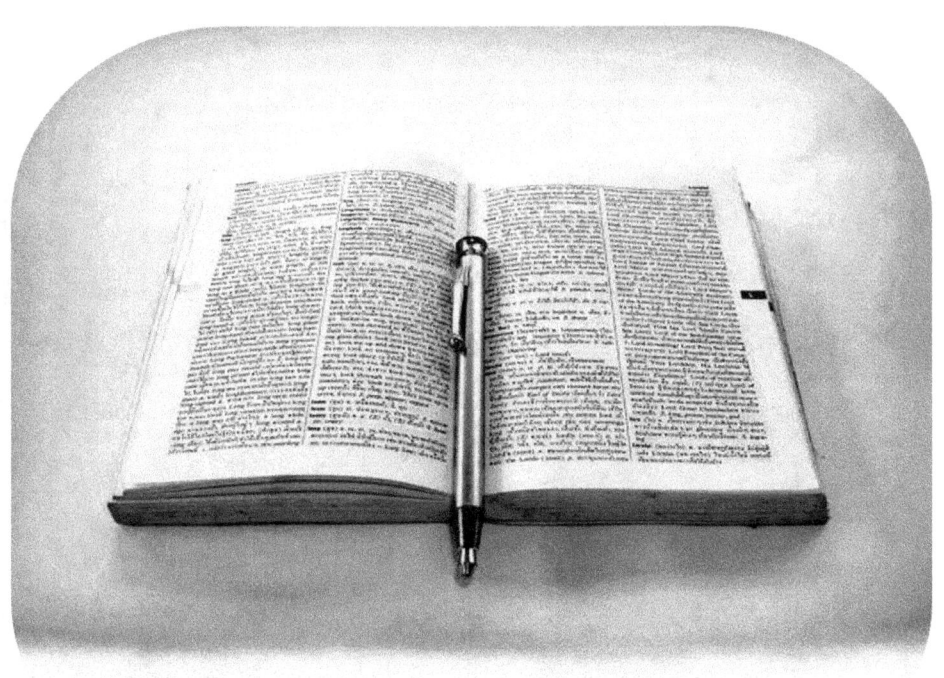

"
Aucun objet, aucune substance ne peut te délivrer, seul Jésus-Christ.

54
Jésus-Christ le seul médiateur
200 Pensées Inspirées

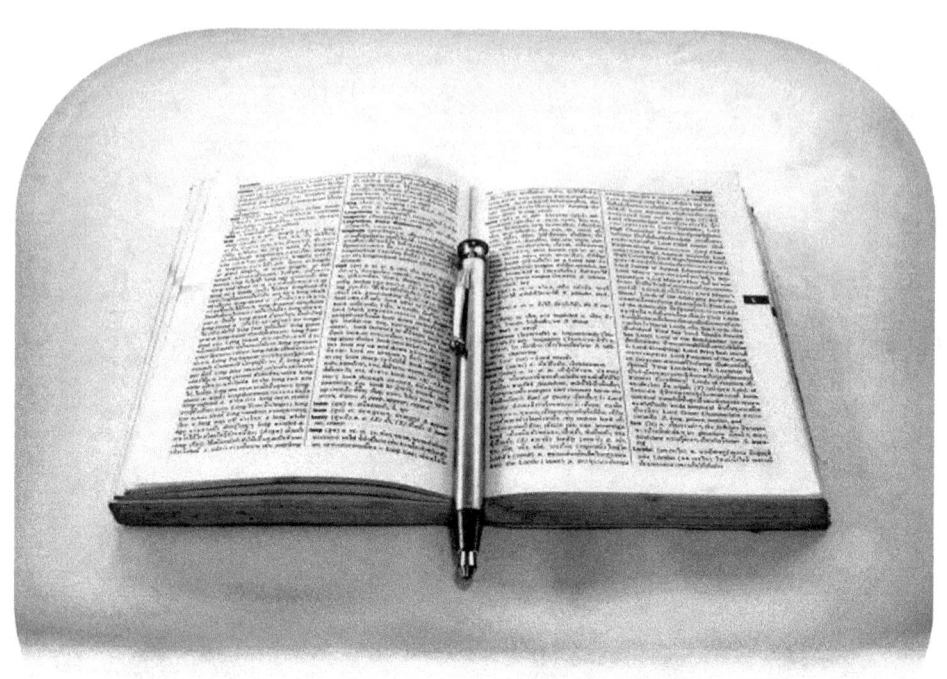

"

Tu n'as pas besoin de mourir pour être canonisé ou établi saint, tu es sanctifié par le sang de Jésus-Christ.

55

Jésus-Christ le seul médiateur
200 Pensées Inspirées

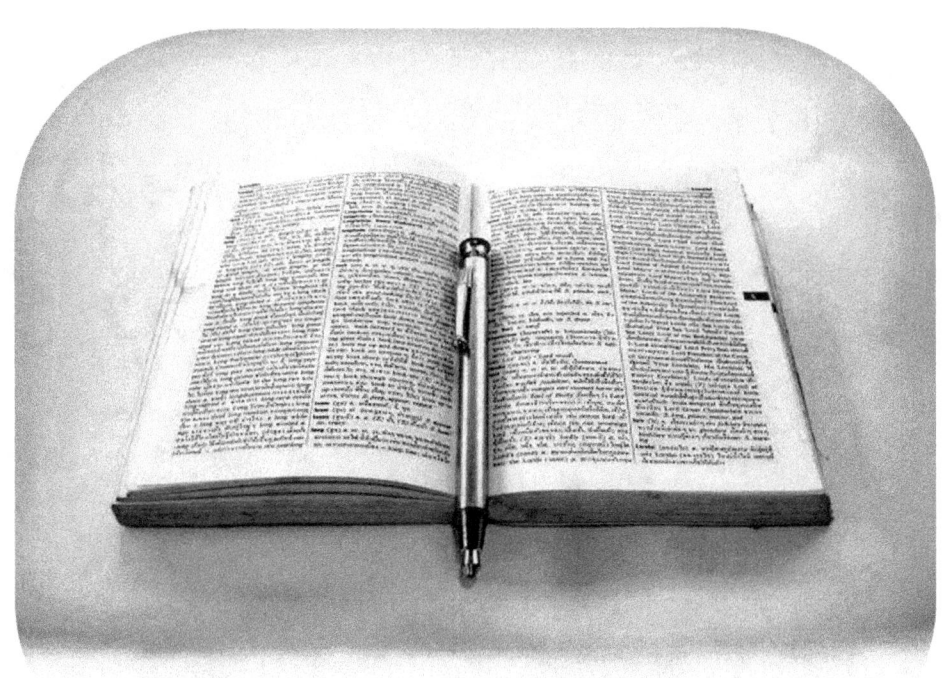

"

L'œuvre de la croix est la meilleure des offrandes que l'on puisse donner ; aucun autel ne peut la substituer.

56
Jésus-Christ le seul médiateur
200 Pensées Inspirées

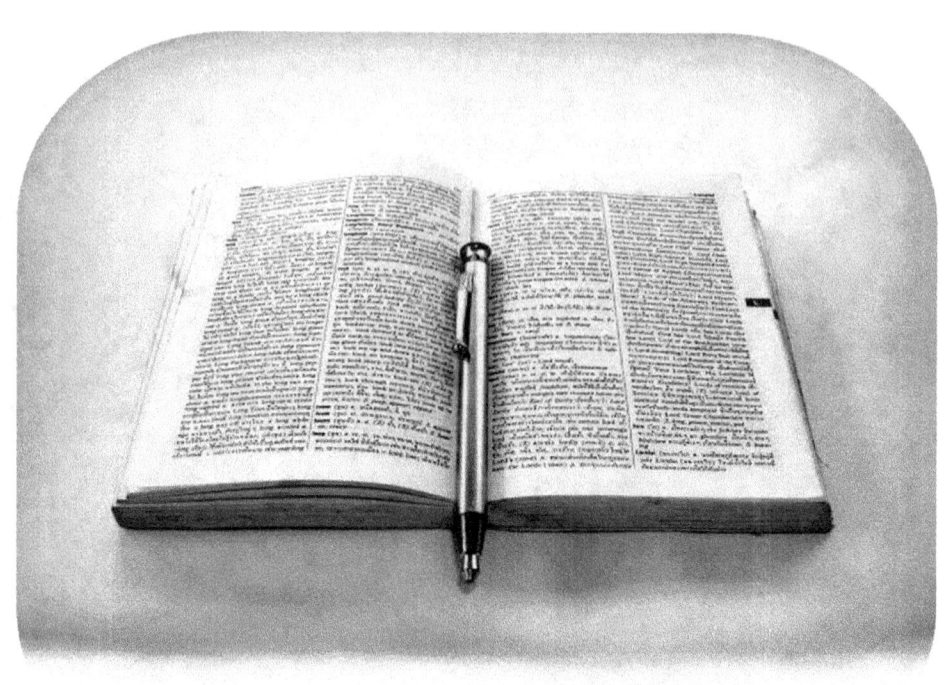

"

Le plus important pour nous chrétiens est de ne pas être séparé de l'amour de Dieu.

57

Jésus-Christ le seul médiateur
200 Pensées Inspirées

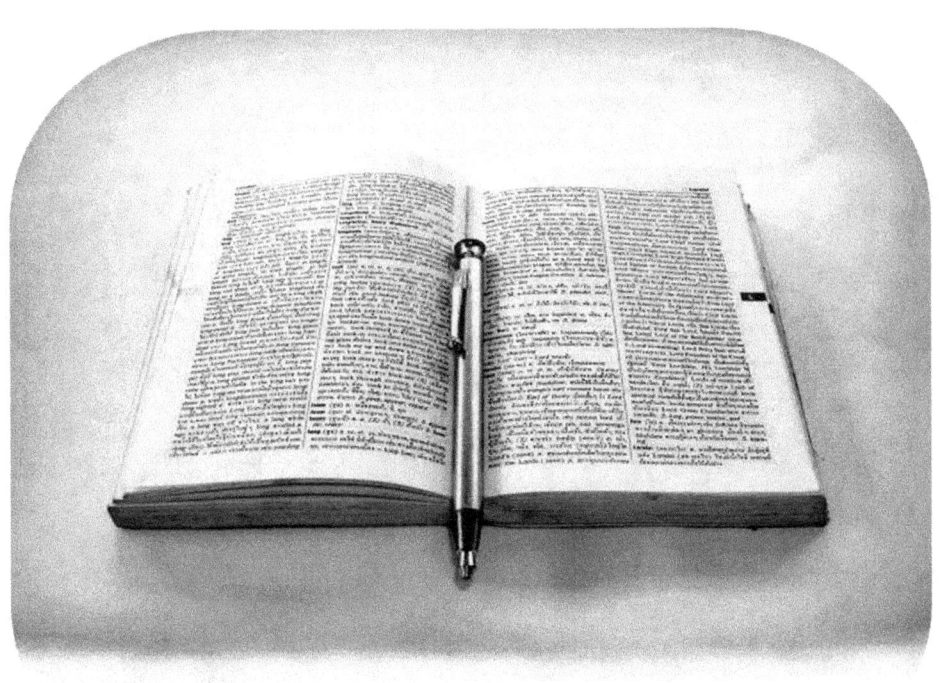

"

Recherchez la circoncision du cœur avant que les tentations ne viennent vous renverser.

58

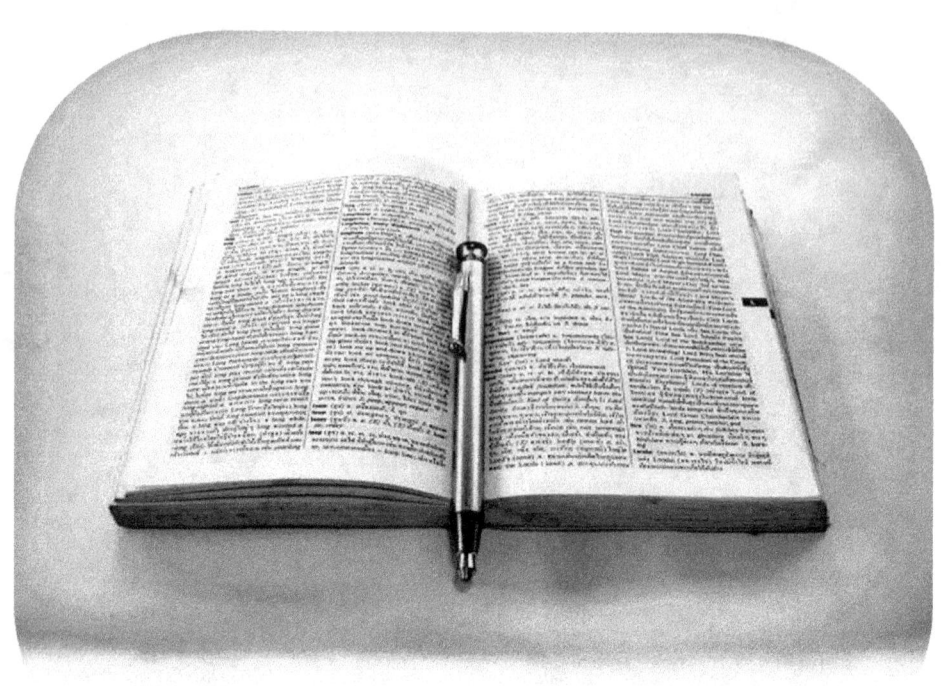

"
Le plus grand des défis est de ne pas passer à côté de la vie éternelle qui nous est offerte en Christ.

59
Jésus-Christ le seul médiateur
200 Pensées Inspirées

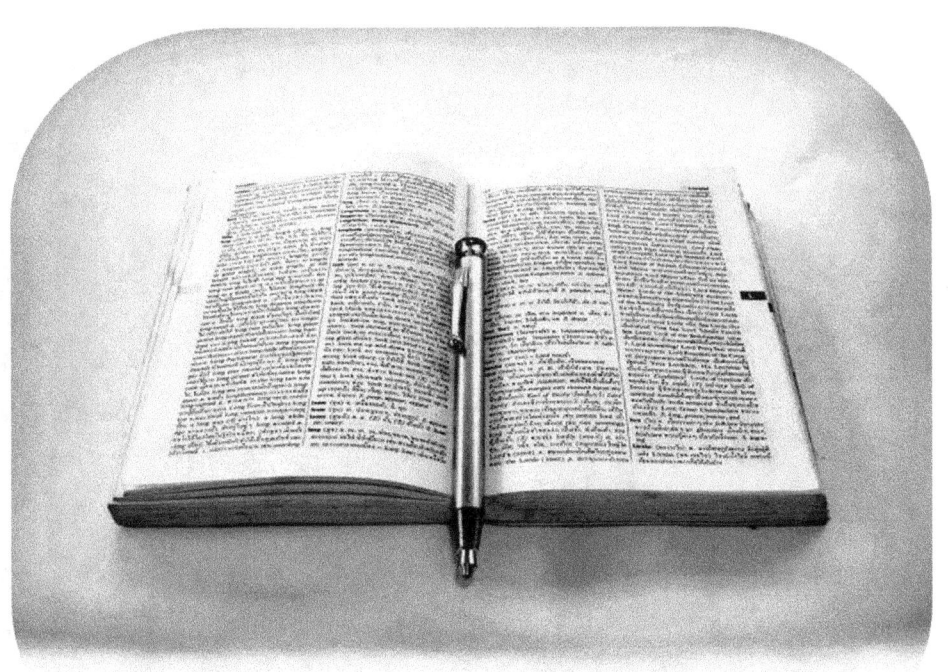

“

Le problème d'Israël était que l'Égypte était dans son cœur et c'était difficile de s'en débarrasser ; il en est ainsi pour plusieurs chrétiens.

60
Jésus-Christ le seul médiateur
200 Pensées Inspirées

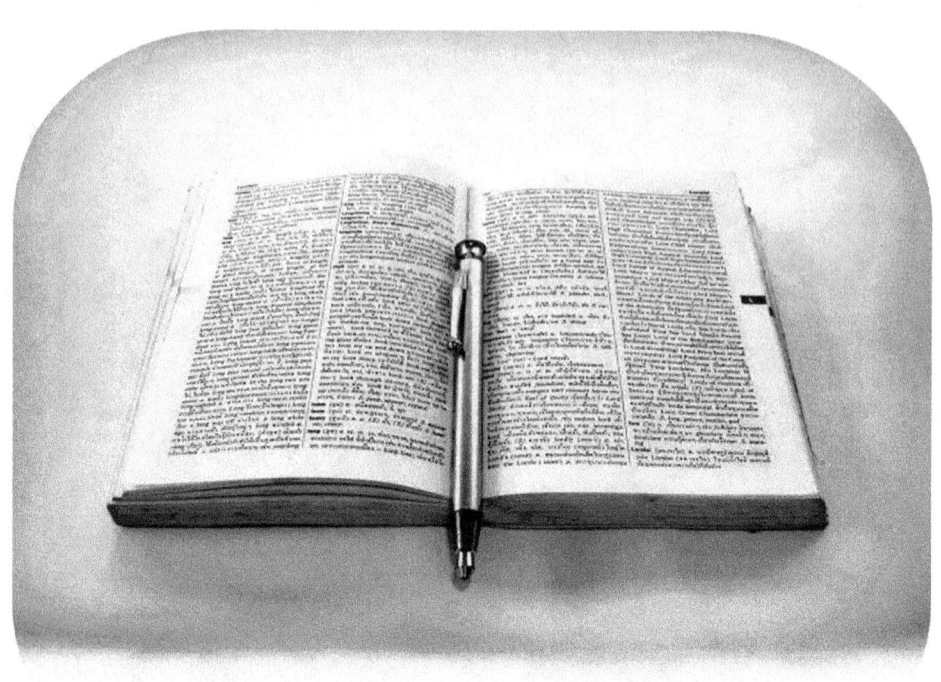

"
Les problèmes que tu traverses, représentent généralement le domaine de ton appel.

61
Jésus-Christ le seul médiateur
200 Pensées Inspirées

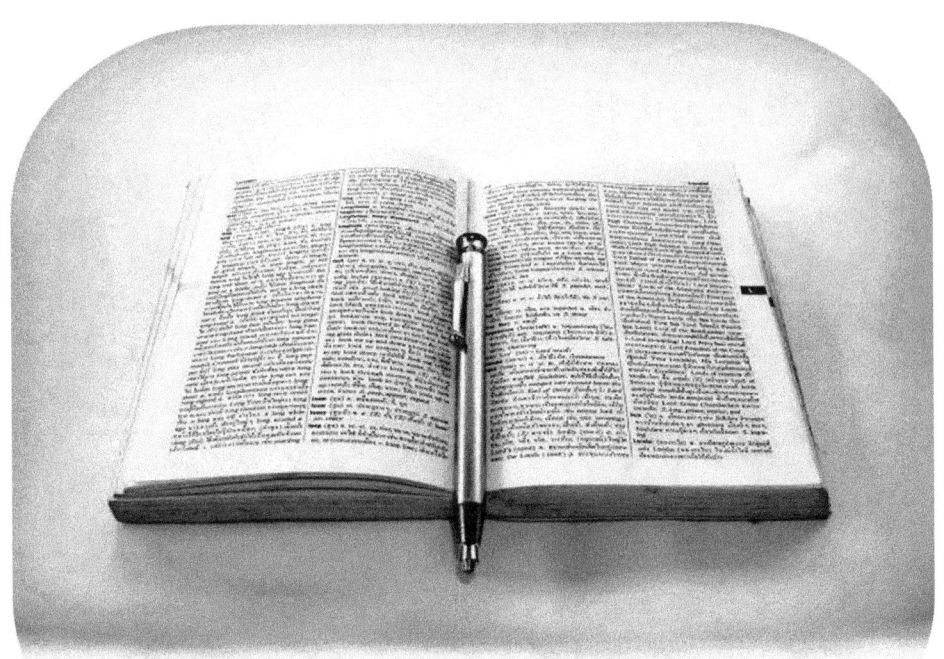

"
Tu n'es pas sacrificateur juste pour prier mais surtout pour impacter les vies des gens autour de toi.

62
Jésus-Christ le seul médiateur
200 Pensées Inspirées

Chapitre V
LES PENSES DU CŒUR

Au reste, frères, que tout ce qui est vrai, tout ce qui est honorable, tout ce qui est juste, tout ce qui est pur, tout ce qui est aimable, tout ce qui mérite l'approbation, ce qui est vertueux et digne de louange, soit l'objet de vos pensées.
Philippiens 4.8

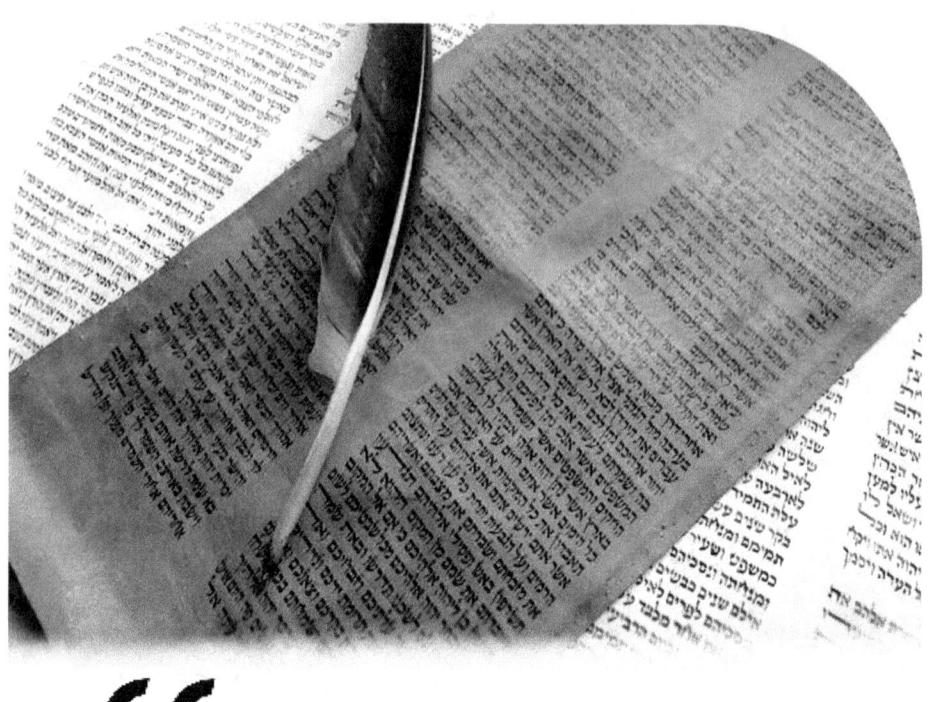

"
Ce que vous croyez sur vous est ce que vous devenez.

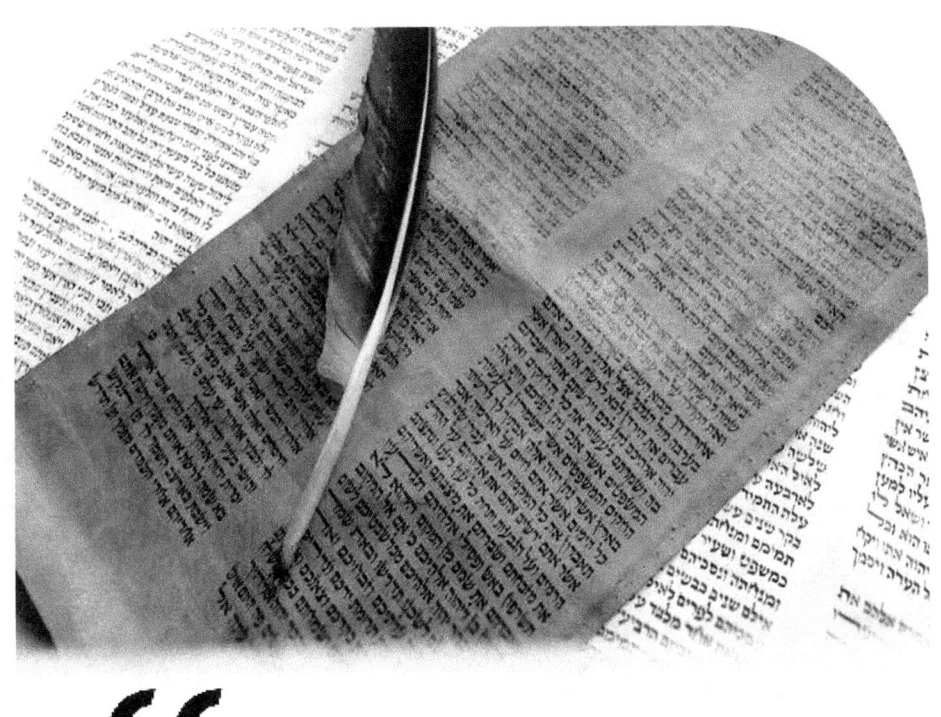

"

La pensée est le plus grand champ de bataille dans le processus de la sanctification.

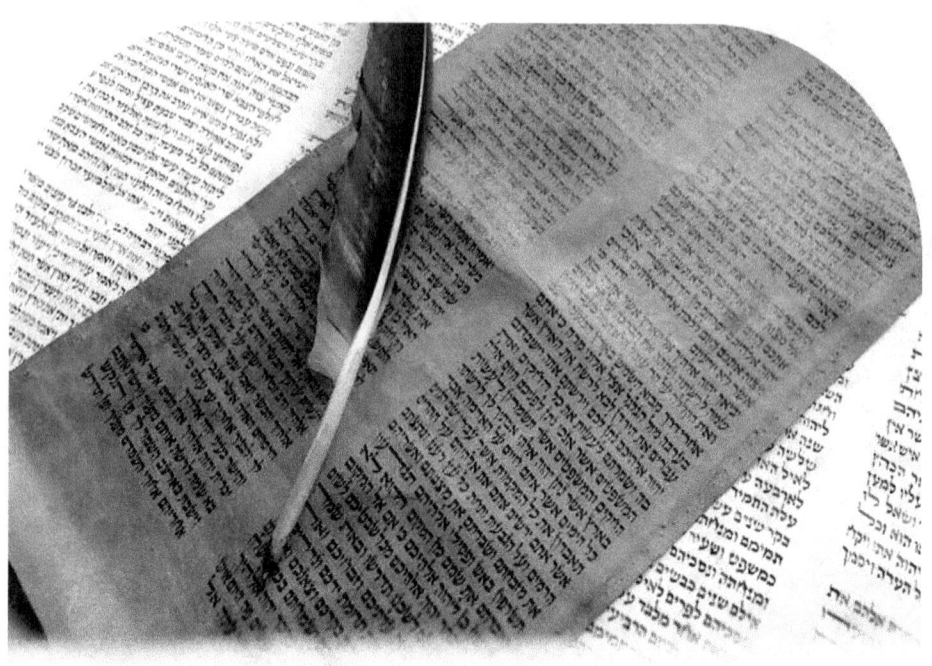

> Un véritable chrétien ne se bat pas avec le péché, mais plutôt avec la pensée du péché avant que celle-ci ne prenne vie.

65
Les penses du cœur
200 Pensées Inspirées

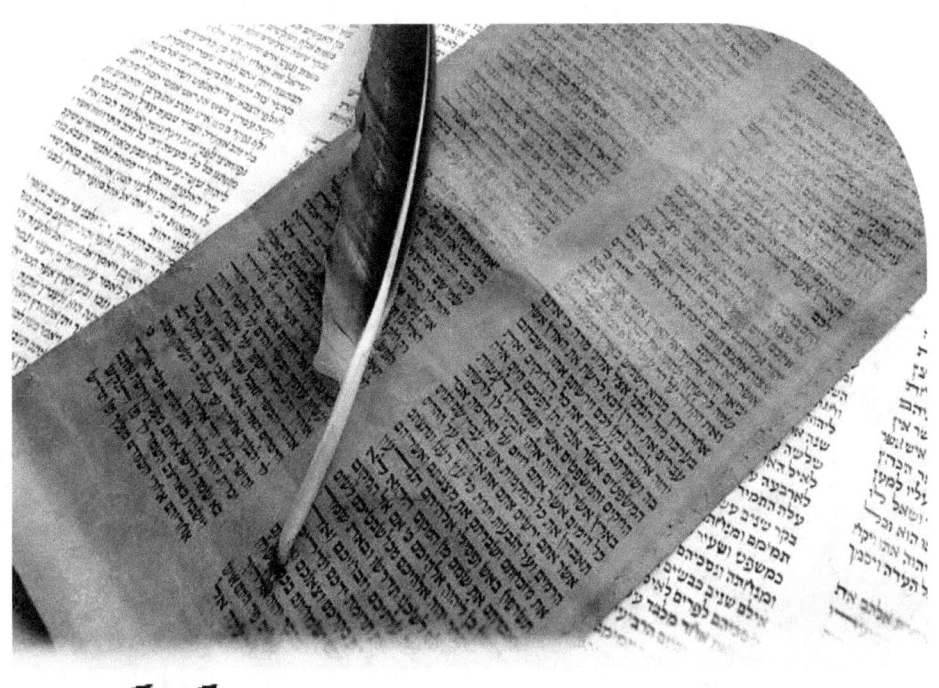

"

Manifestes ce que tu es en Jésus-Christ en devenant une solution pour les autres.

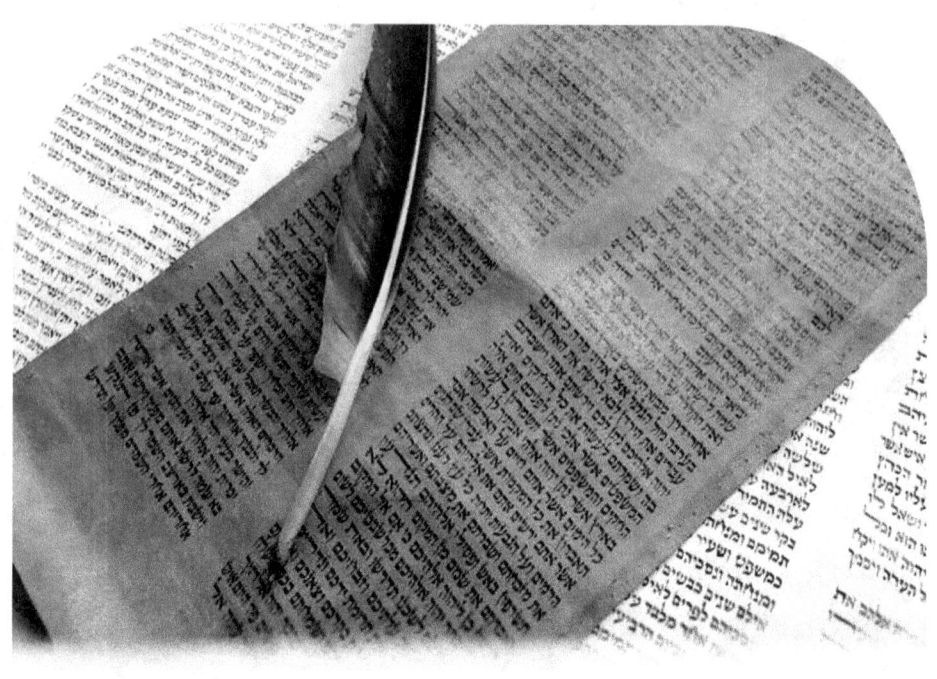

"

L'utilité d'une lampe c'est lorsqu'elle éclaire dans les ténèbres.

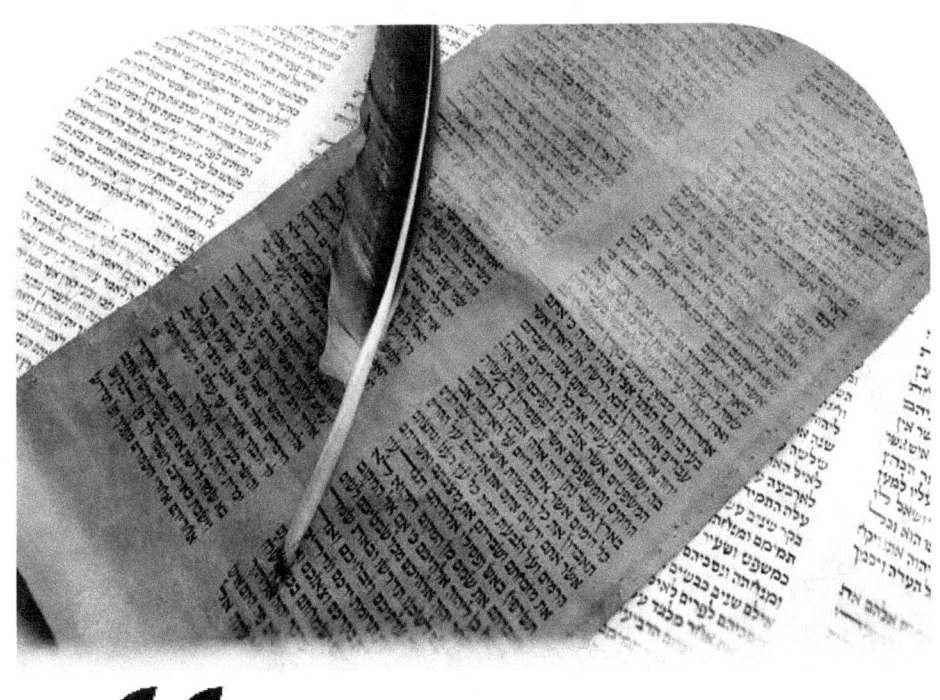

"

Que les autres voient la lumière par toi.

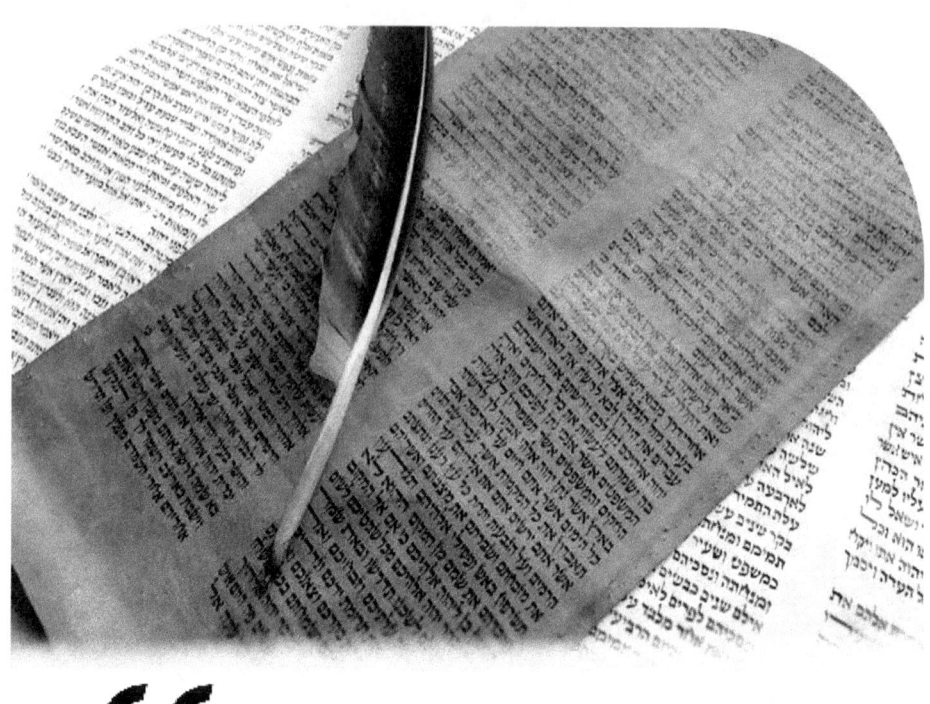

"

Ta vision détermine ta vie.

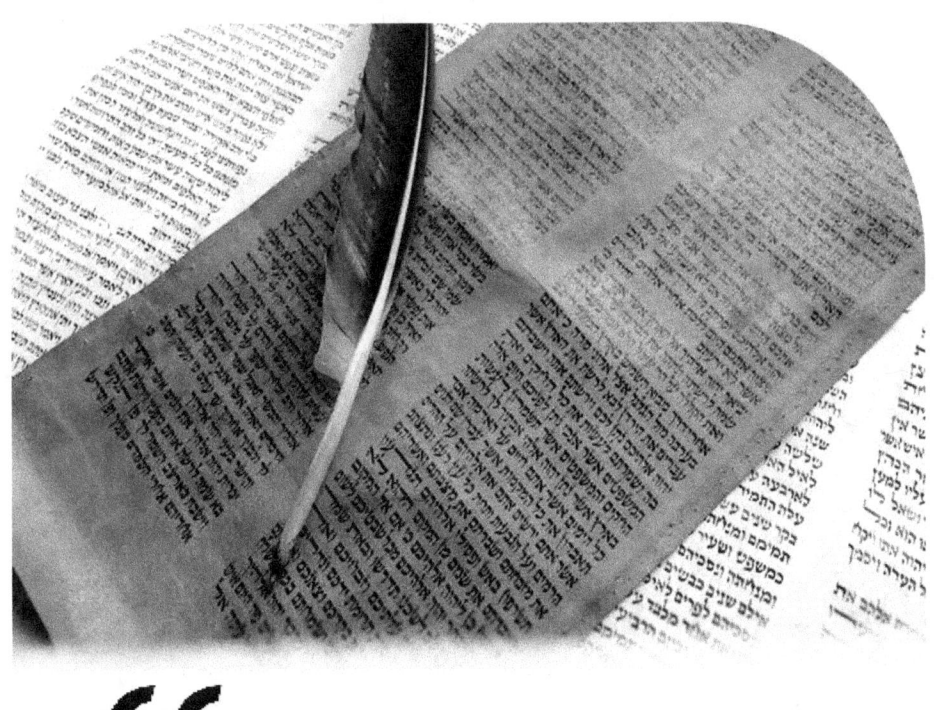

"

L'homme tourne en rond dans la vie jusqu'à ce que la parole de Dieu lui donne une direction.

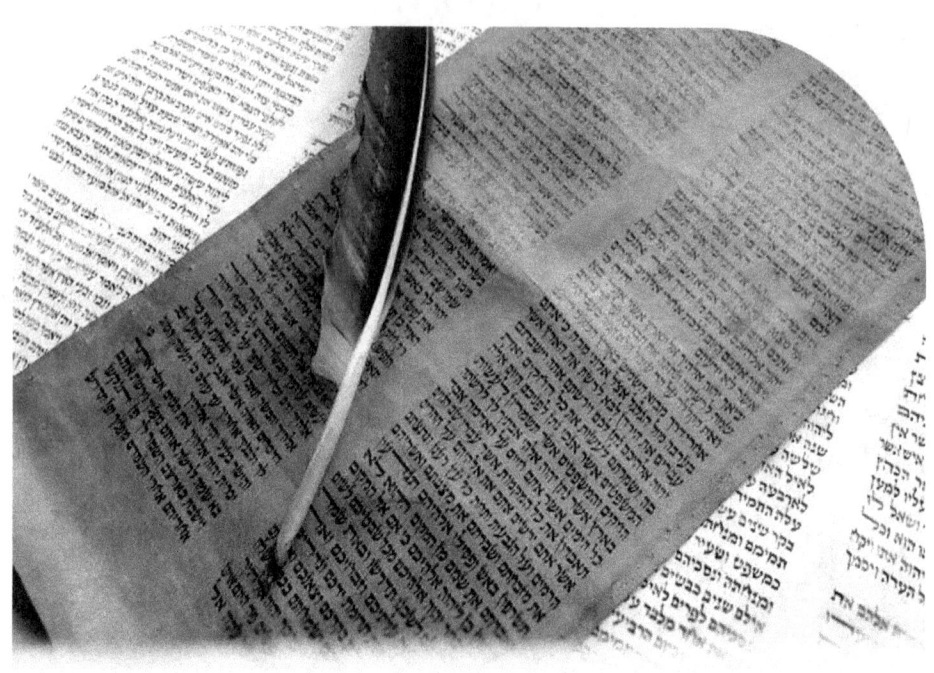

"

Parfois la nature de tes pensées te fait croire que tout le monde est mauvais. Il y a un reste qui est fidèle à Dieu.

71

Les penses du cœur
200 Pensées Inspirées

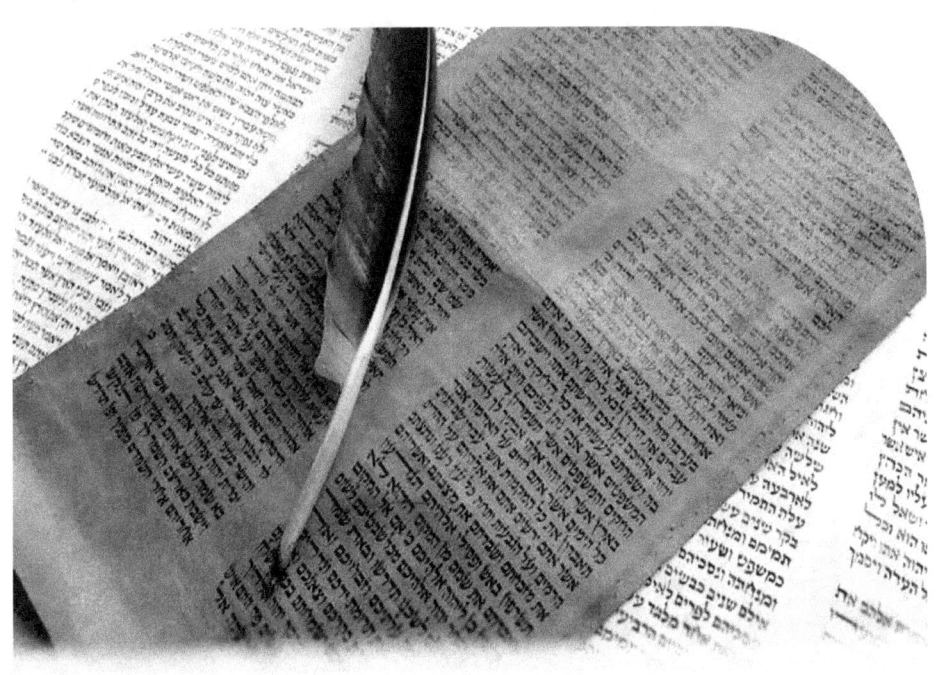

"
En se familiarisant avec le sacré, on peut recevoir la lèpre comme Guehazi au lieu de la bénédiction.

72

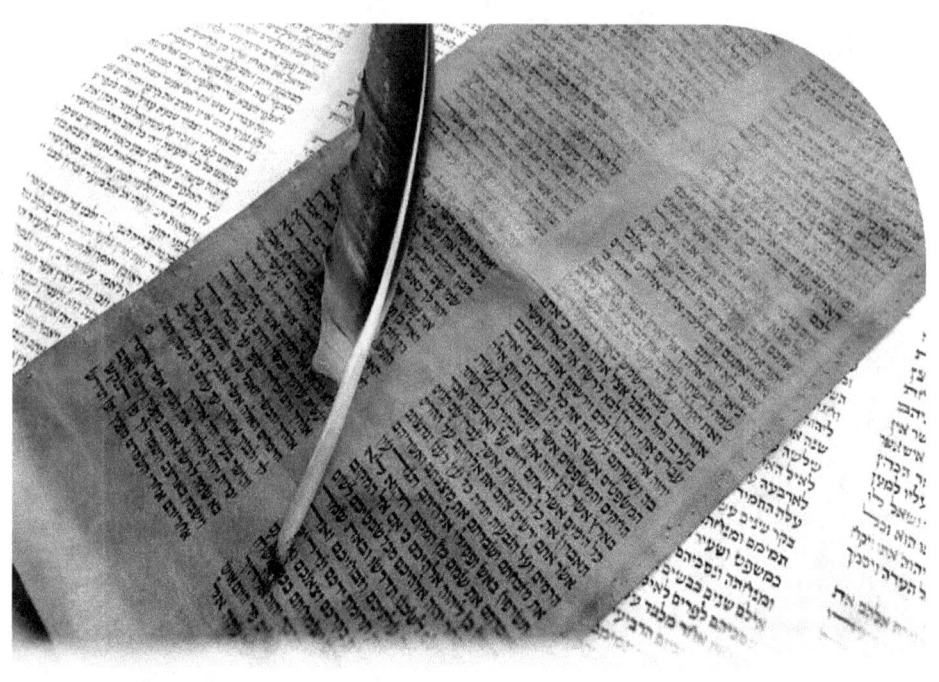

> Les gens disent que l'on ne change pas l'équipe qui gagne, de même n'abandonnes pas le chemin par lequel l'Éternel te fait briller.

73

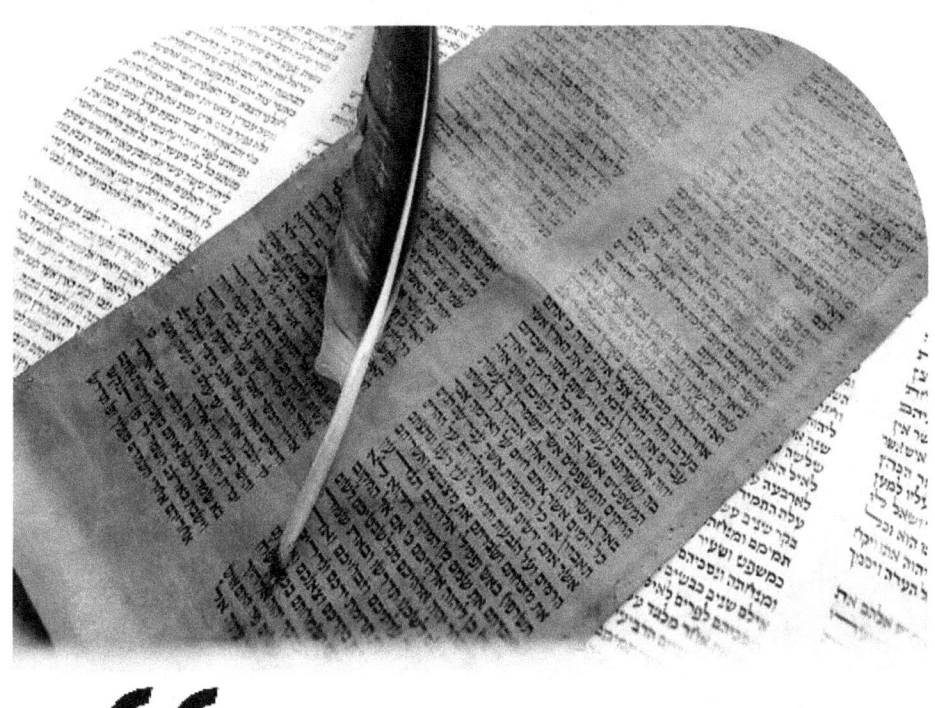

“

Ne laisses pas la gloire de ton succès te rendre aveugle et oublier la maison de l'Éternel.

74

Les penses du cœur
200 Pensées Inspirées

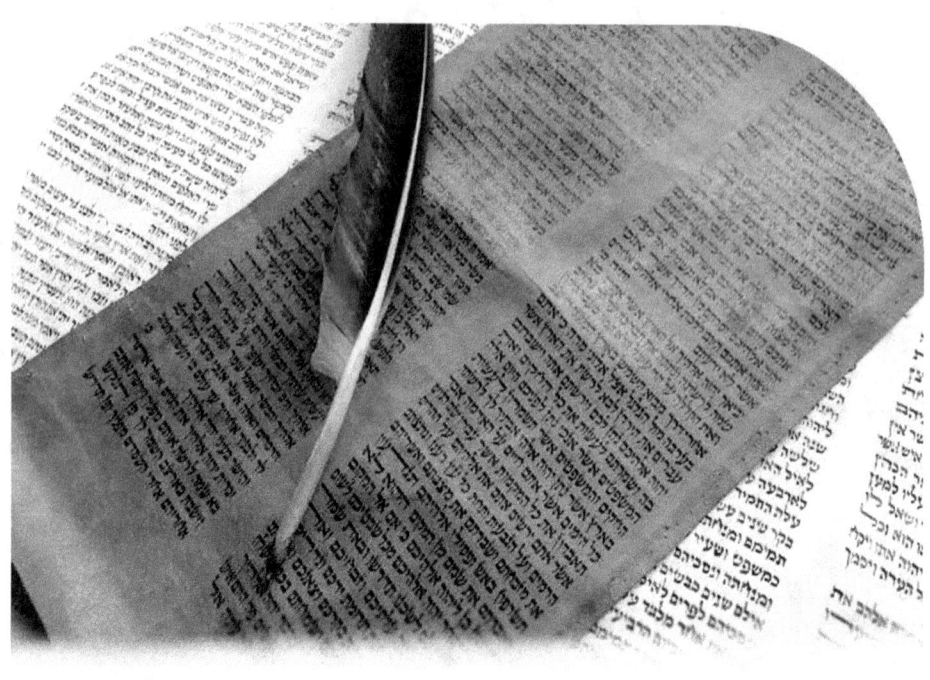

"
Dieu manifeste sa puissance au travers de notre soumission à lui.

75

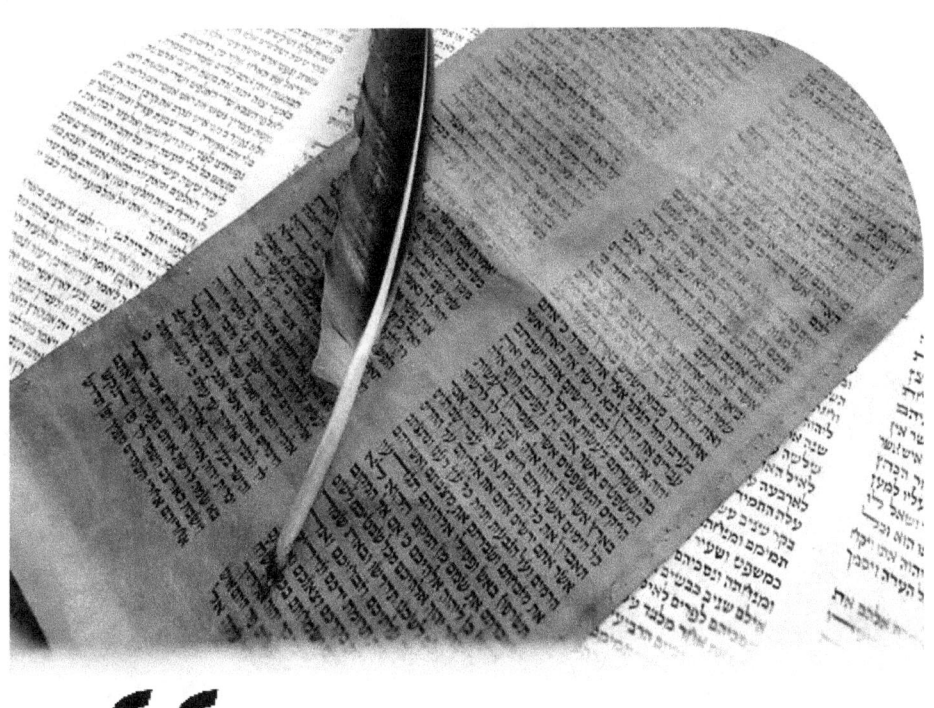

"

La tentation n'a jamais été une obligation mais une proposition du diable dont on a le choix d'accepter ou de refuser.

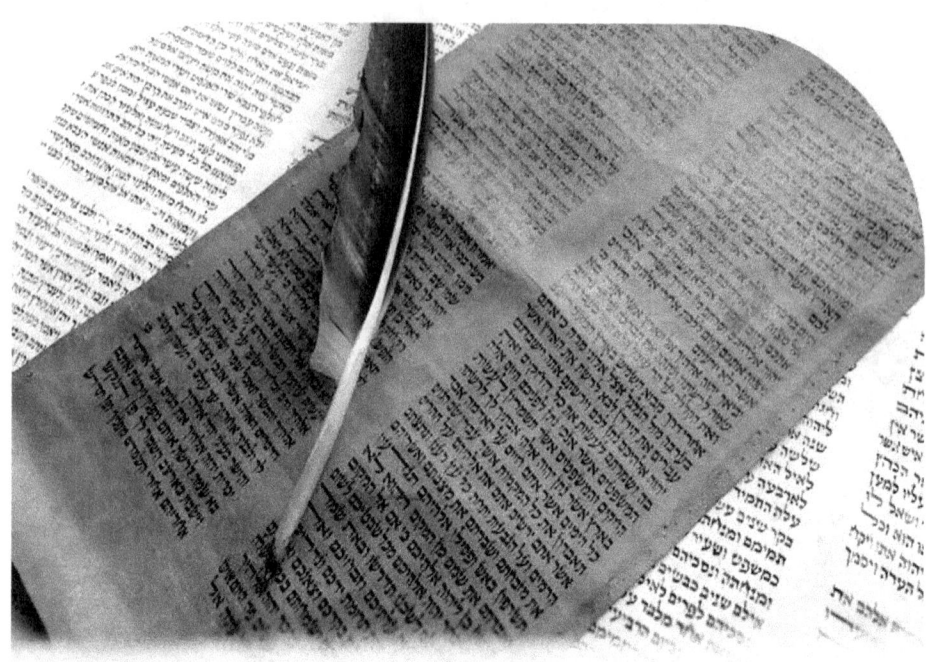

" L'amertume t'amènera à garder des ressentis dans ton cœur jusqu'au point de ne pas pardonner.

77

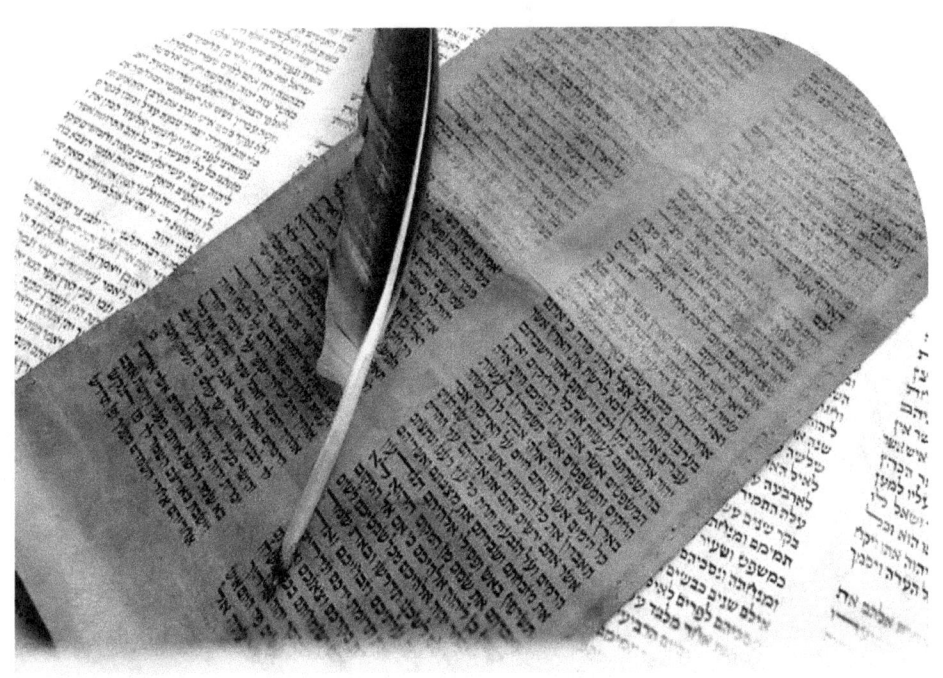

"

Plus tu trouves des failles dans une autorité, plus le diable va pencher ton cœur vers la rébellion.

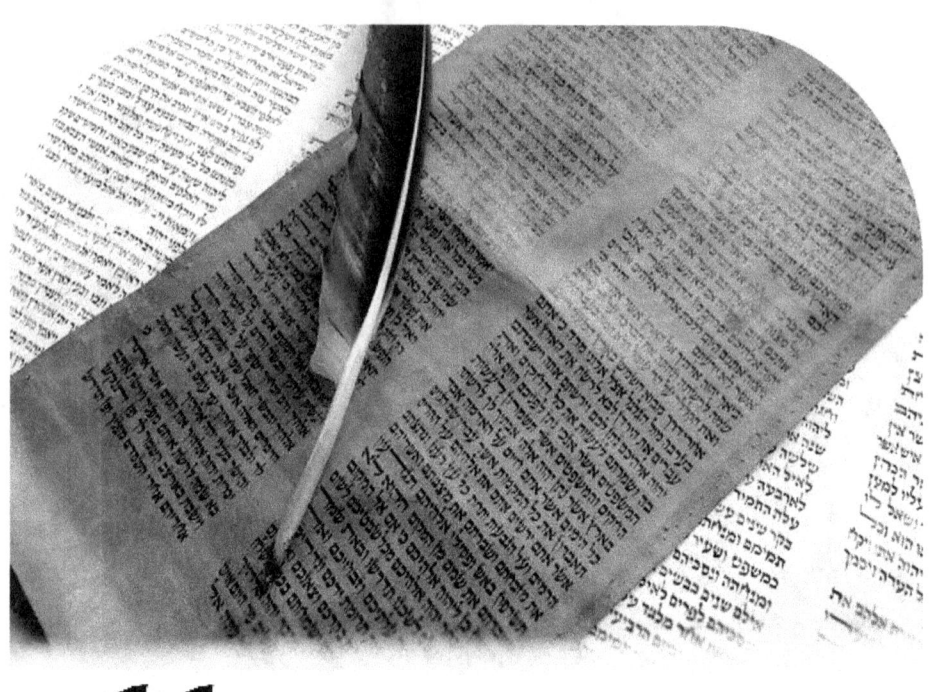

"

Le monde des ténèbres retient les gens par l'ignorance, la parole du Seigneur est la vérité qui libère.

79

Les penses du cœur
200 Pensées Inspirées

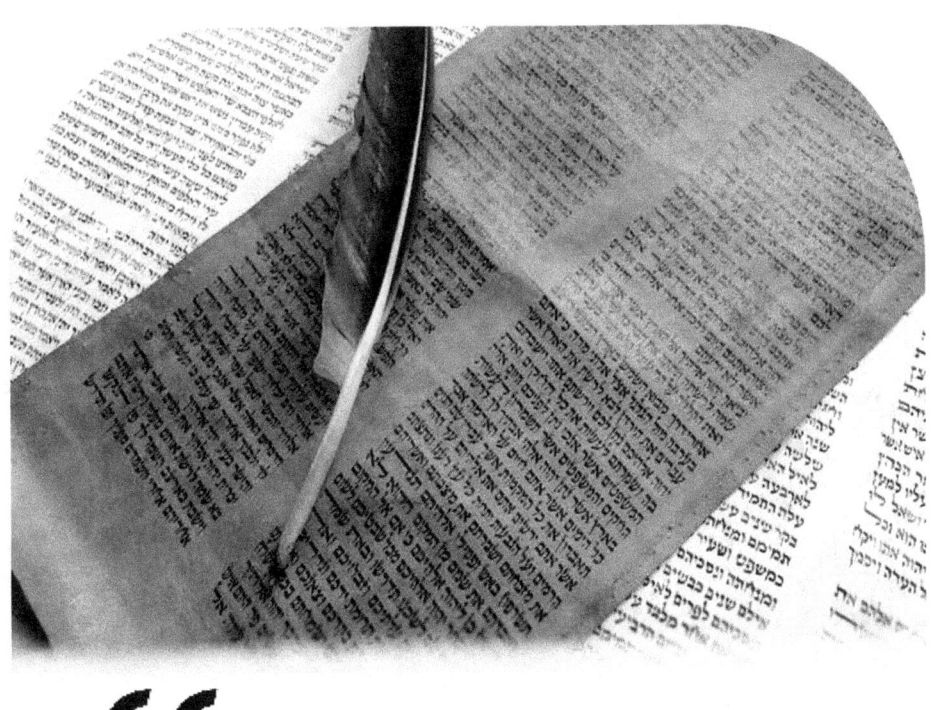

"

Ce que vous proclamez sur vous-même conditionne votre environnement.

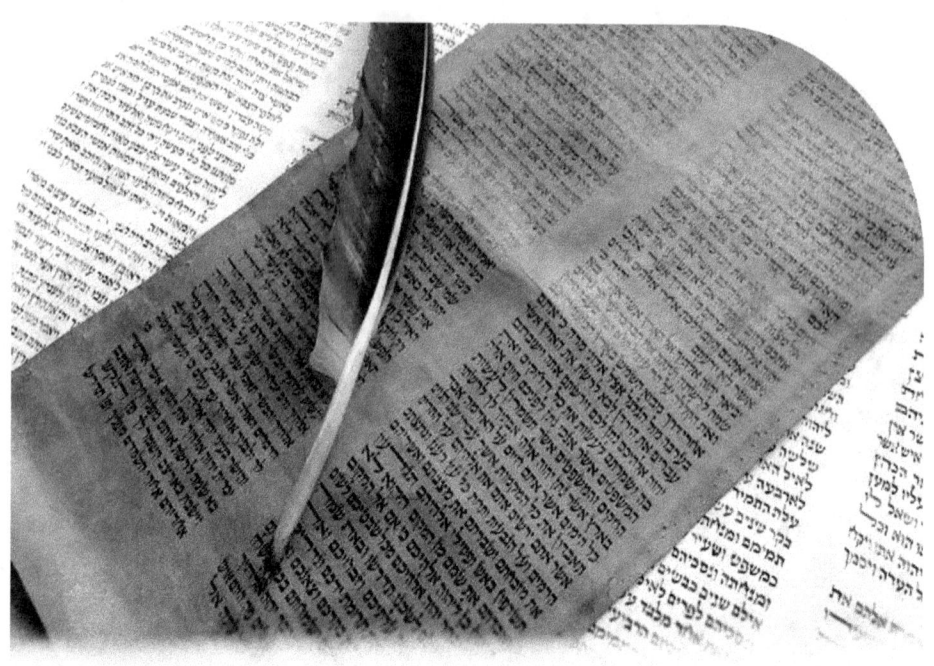

"

La vie chrétienne est une confrontation de puissance permanente.

81
Les penses du cœur
200 Pensées Inspirées

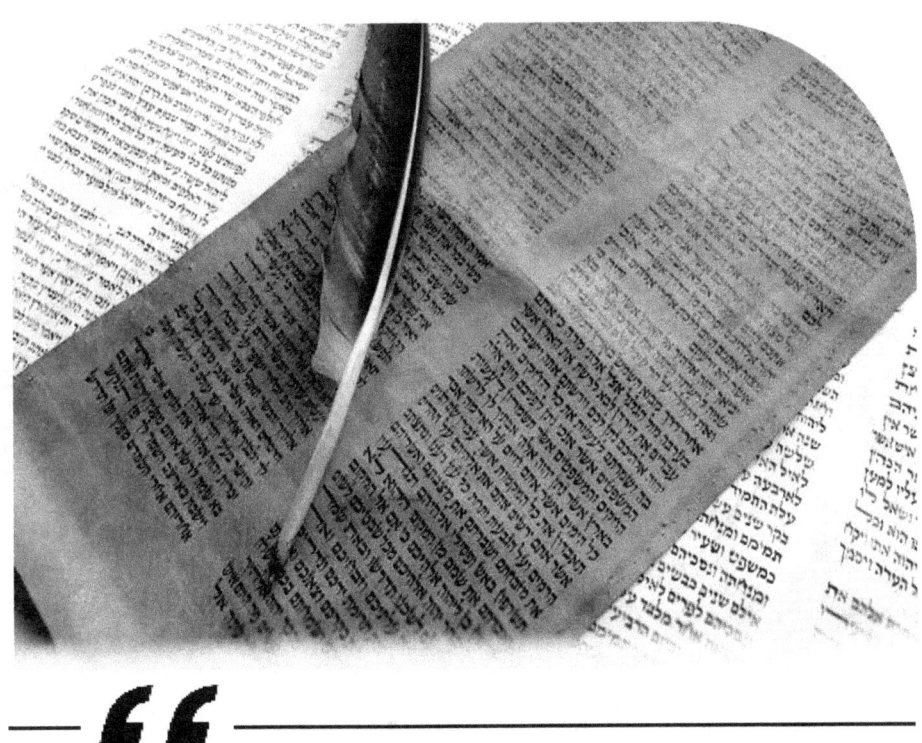

"

Les pensées d'un homme définissent l'état de son cœur.

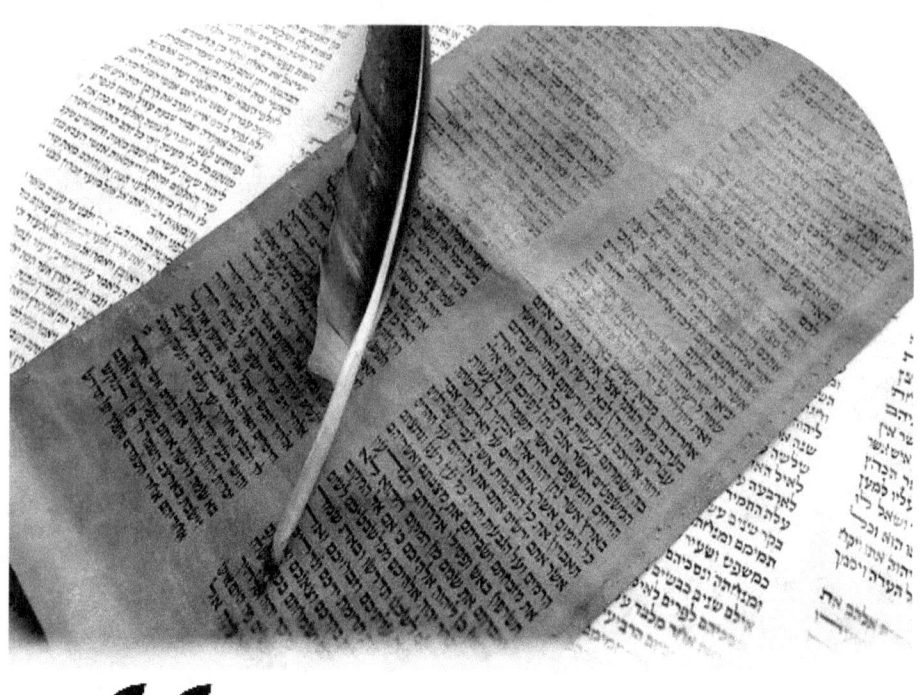

"
Dieu nous a délivré afin qu'on le serve.

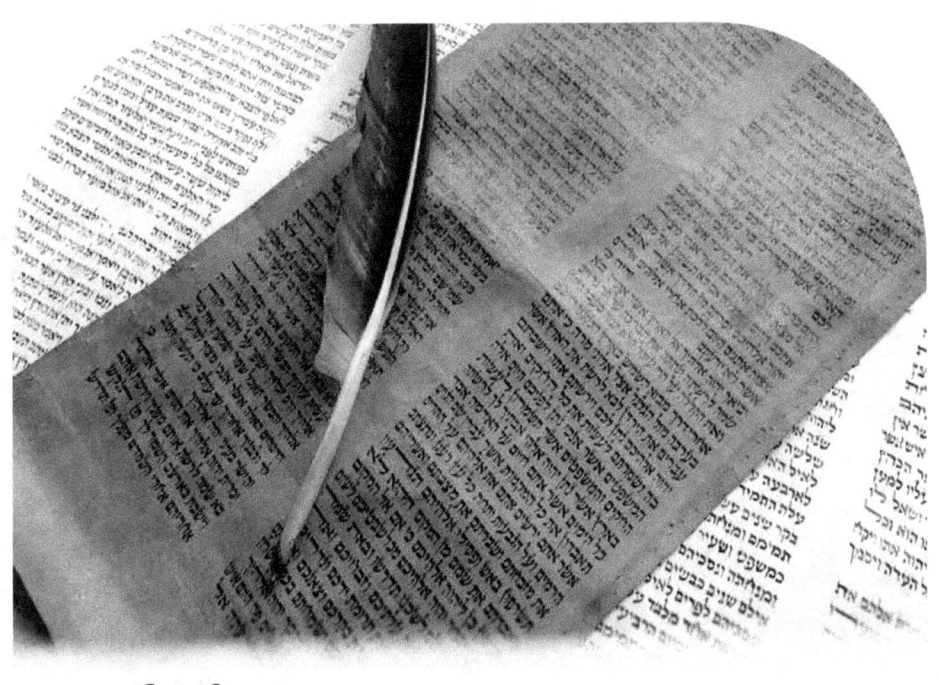

"

La qualité de la vie dépend de la qualité et du niveau de notre raisonnement.

84

Les penses du cœur
200 Pensées Inspirées

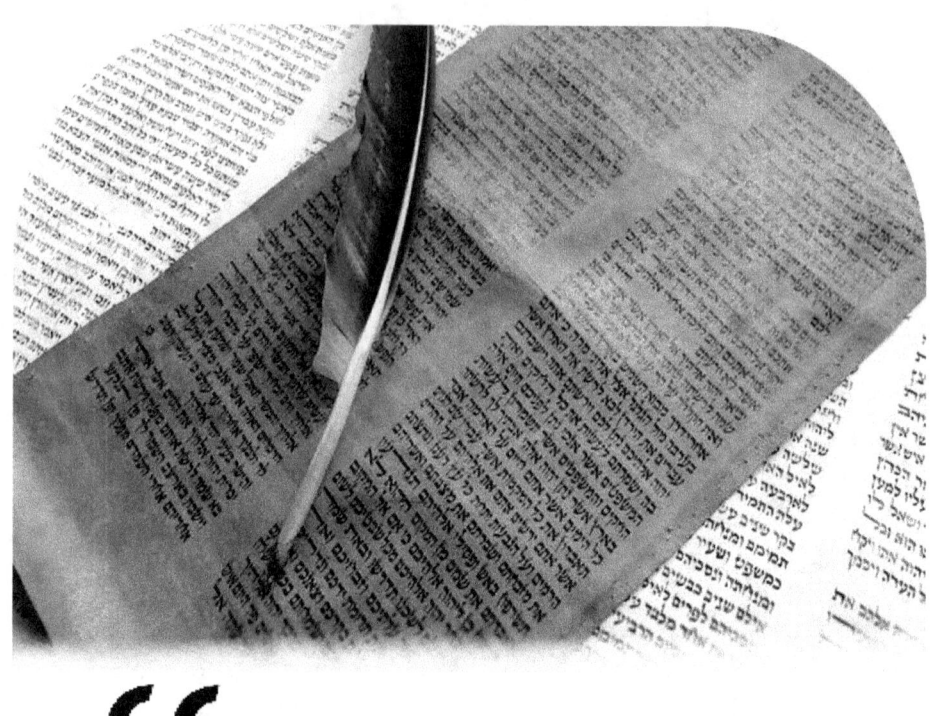

"

Dieu t'aime tellement qu'il ne peut désirer ton malheur.

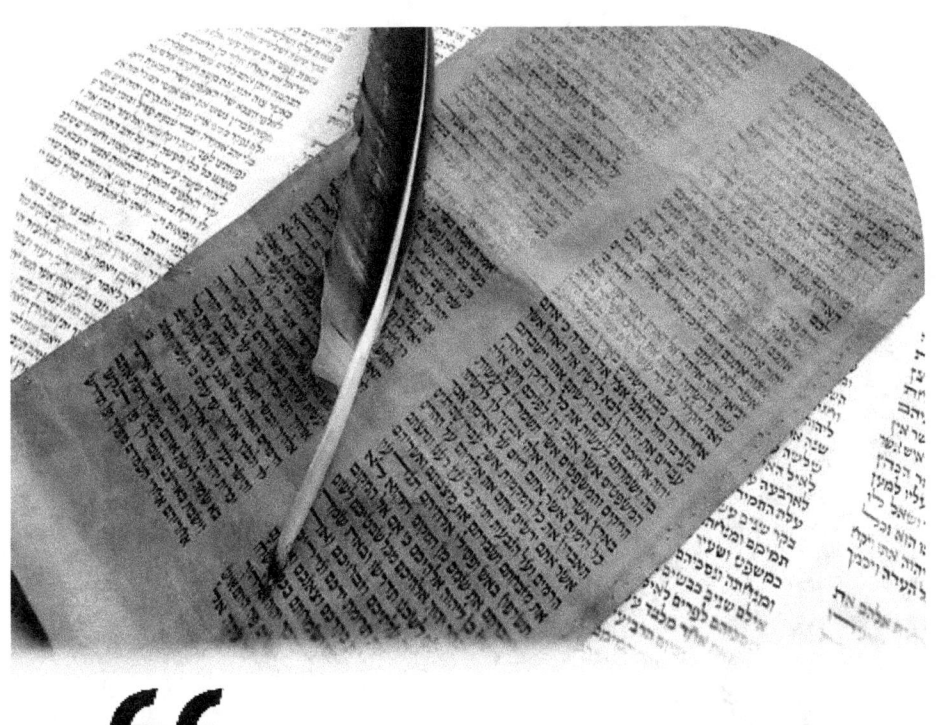

"

La croissance spirituelle est comme toute autre croissance dans la vie, elle arrive progressivement.

86

Les penses du cœur
200 Pensées Inspirées

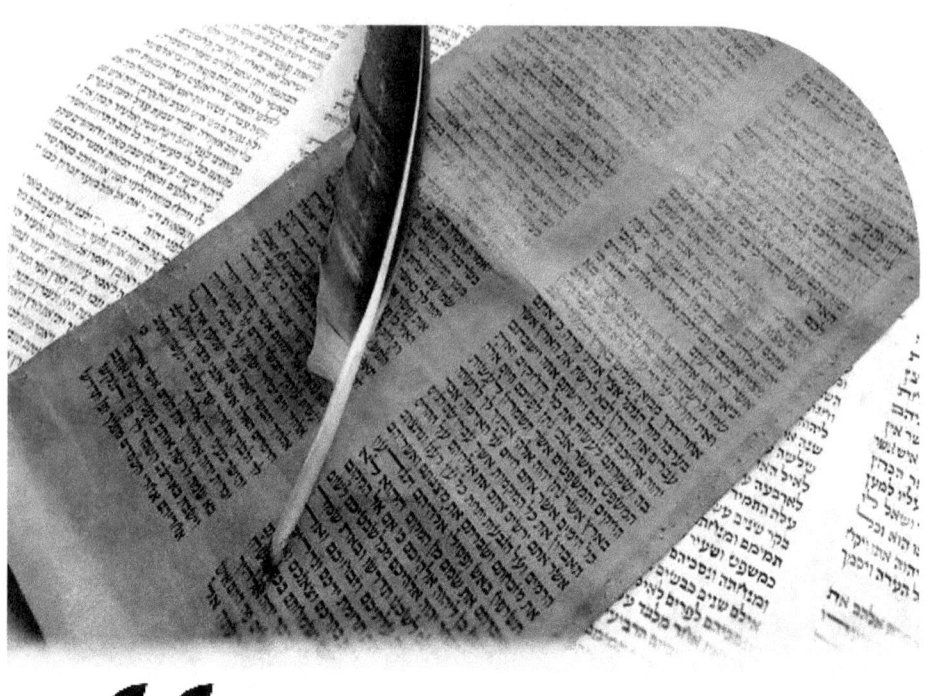

"

Acceptes la grâce d'aujourd'hui, celle de demain arrivera en son temps.

Chapitre VI
LE MARIAGE

Femmes, soyez soumises à vos maris, comme au Seigneur ; car le mari est le chef de la femme, comme Christ est le chef de l'Église, qui est son corps, et dont il est le Sauveur. Or, de même que l'Église est soumise à Christ, les femmes aussi doivent l'être à leurs maris en toutes choses. Maris, aimez vos femmes, comme Christ a aimé l'Église, et s'est livré lui-même pour elle. **Éphésiens 5.23-25**

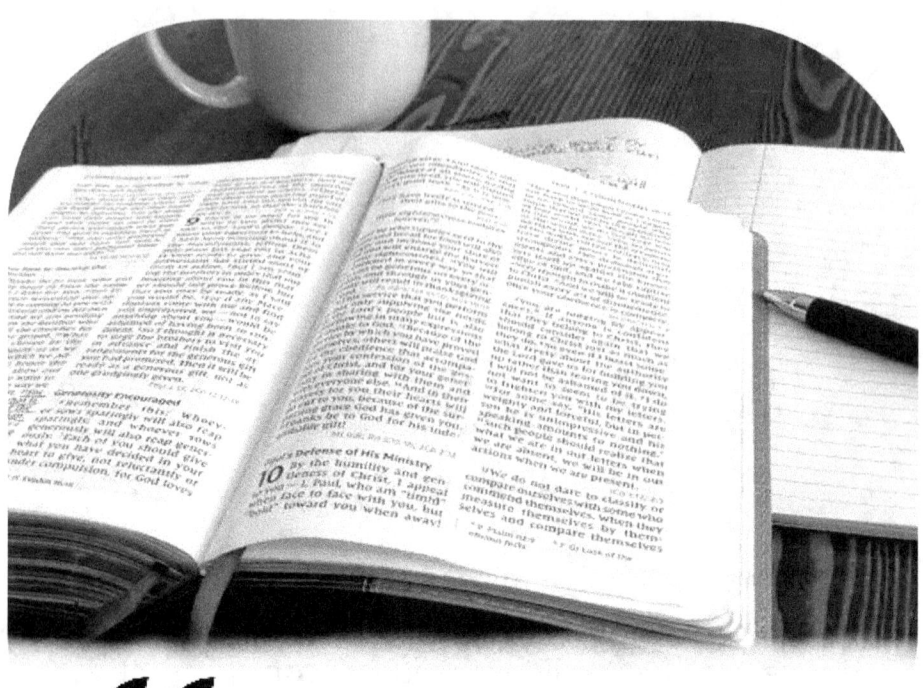

> Le mariage est comme une maison que l'on construit, elle demande de la patience, on y va étape par étape.

88
Le mariage
200 Pensées Inspirées

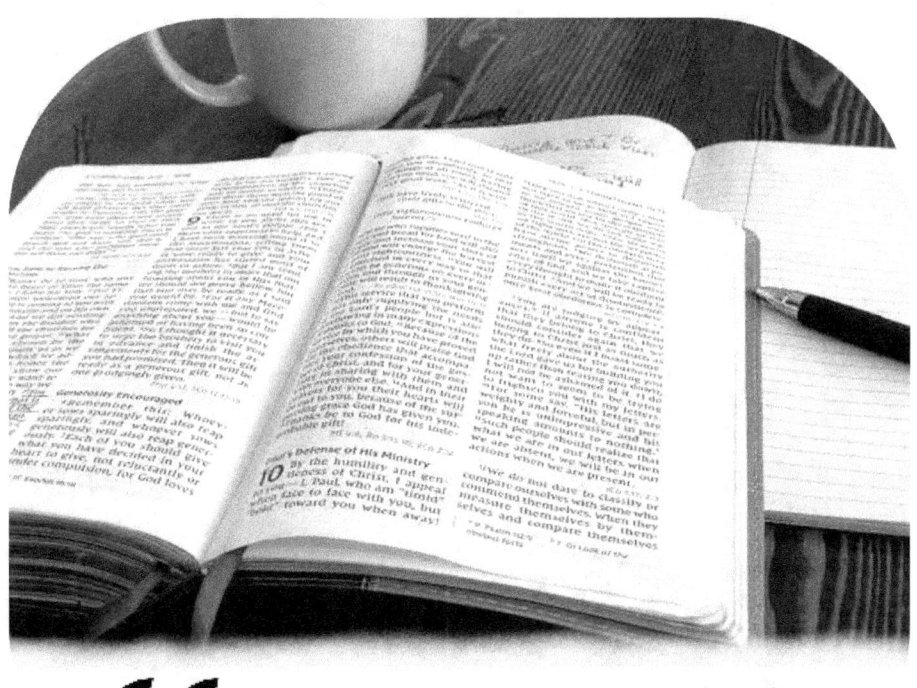

"
Les couples qui tiennent ne manquent pas des raisons de divorcer, ils placent simplement Dieu au-dessus de tout.

89
Le mariage
200 Pensées Inspirées

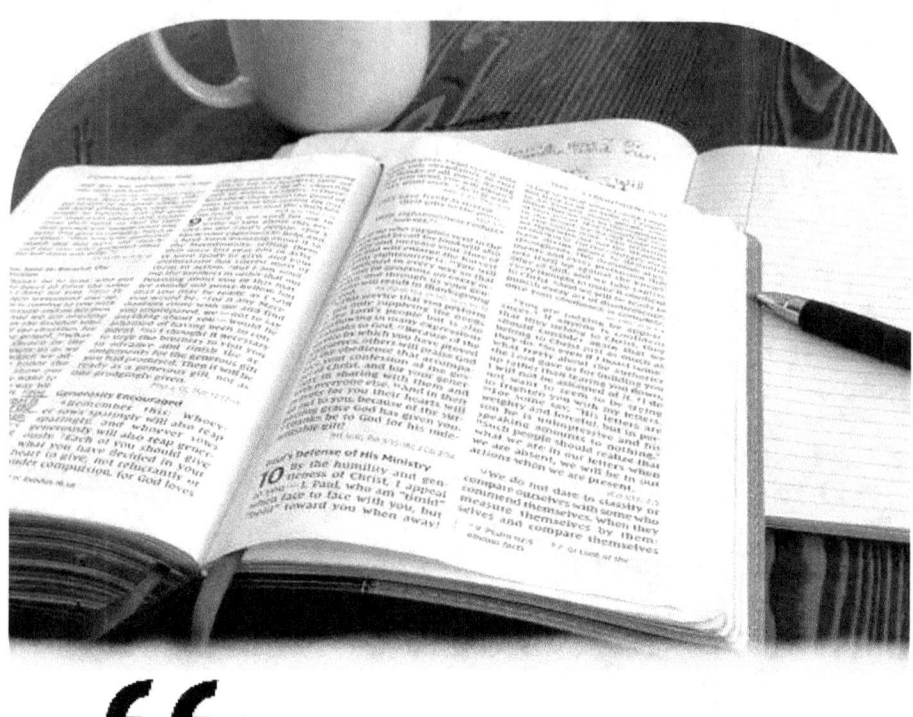

"
Le mariage se conclut et se maintient par l'amour.

90

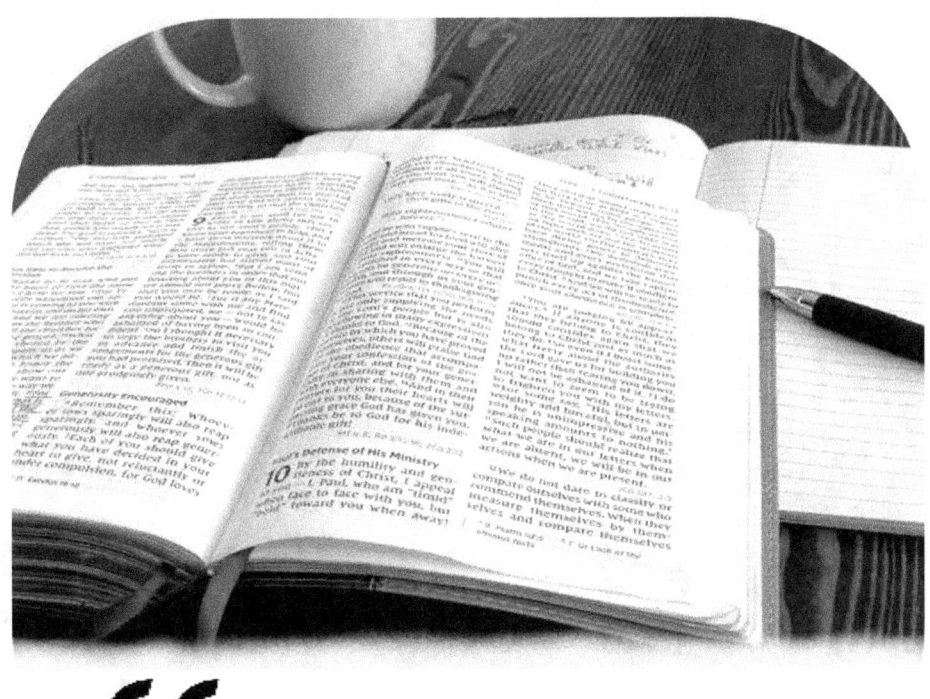

" On ne se marie pas sur base des prophéties, le mariage est d'abord basé sur l'amour.

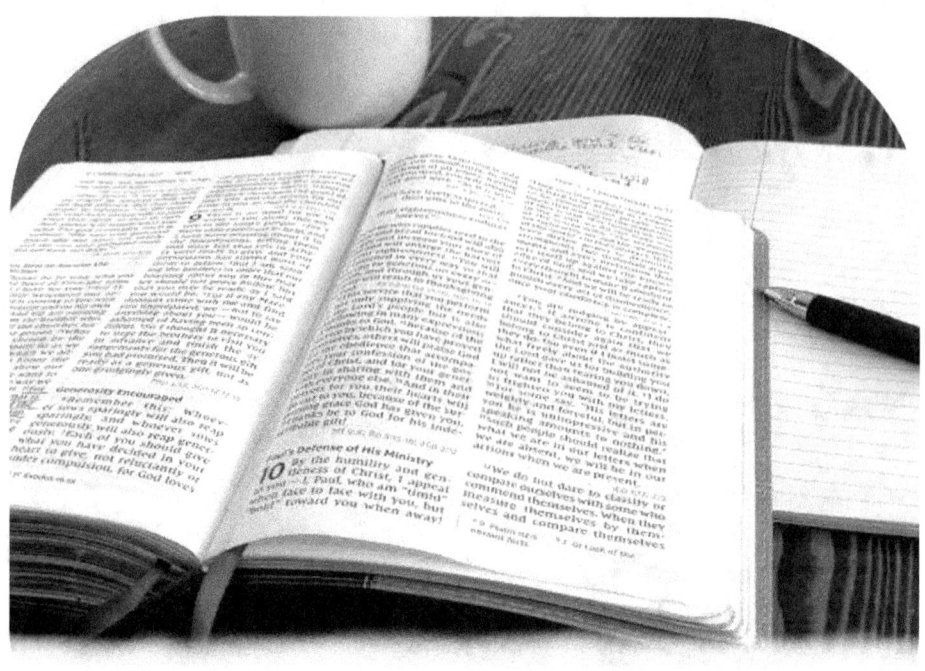

"
Aimer c'est se réjouir du bonheur de l'autre comme si c'était le tien.

92
Le mariage
200 Pensées Inspirées

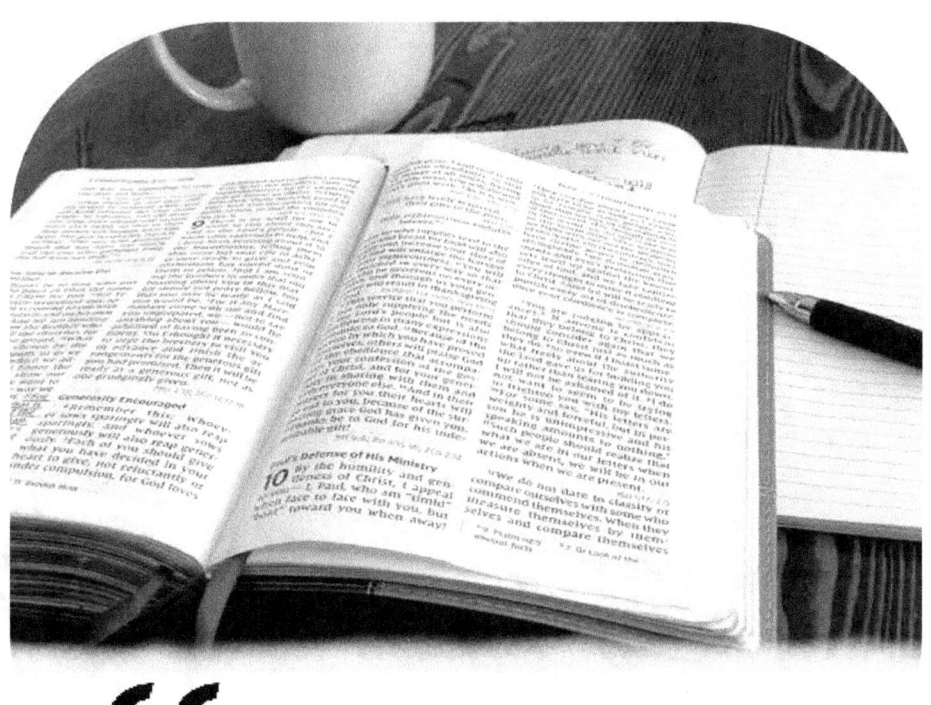

"

Aimer c'est savoir recadrer l'autre et l'aider dans ses moments de faiblesses sans l'humilier.

93

Le mariage
200 Pensées Inspirées

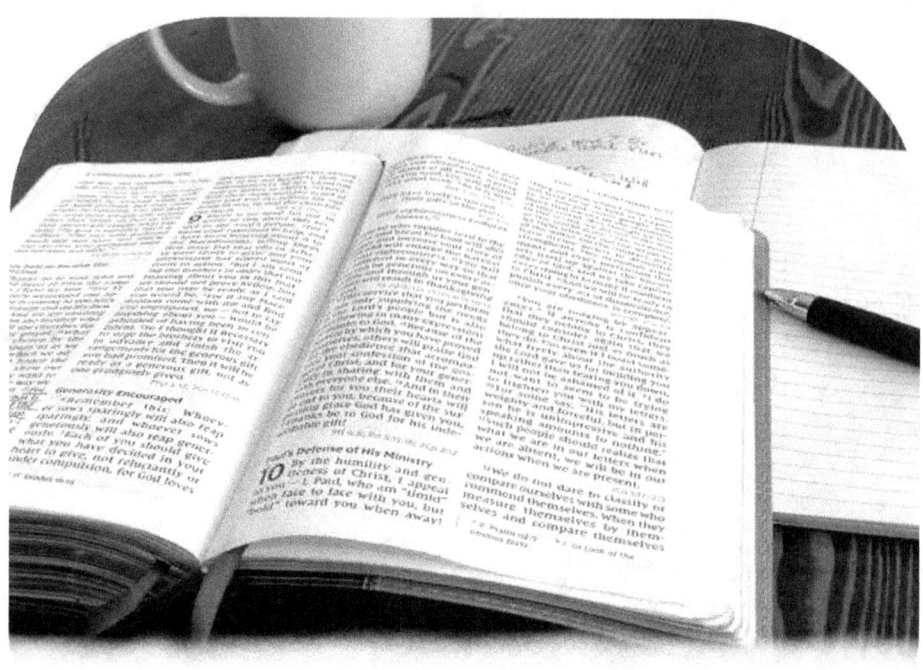

> Aimer c'est donner ce que l'on a de meilleur pour répondre aux besoins de l'autre.

94
Le mariage
200 Pensées Inspirées

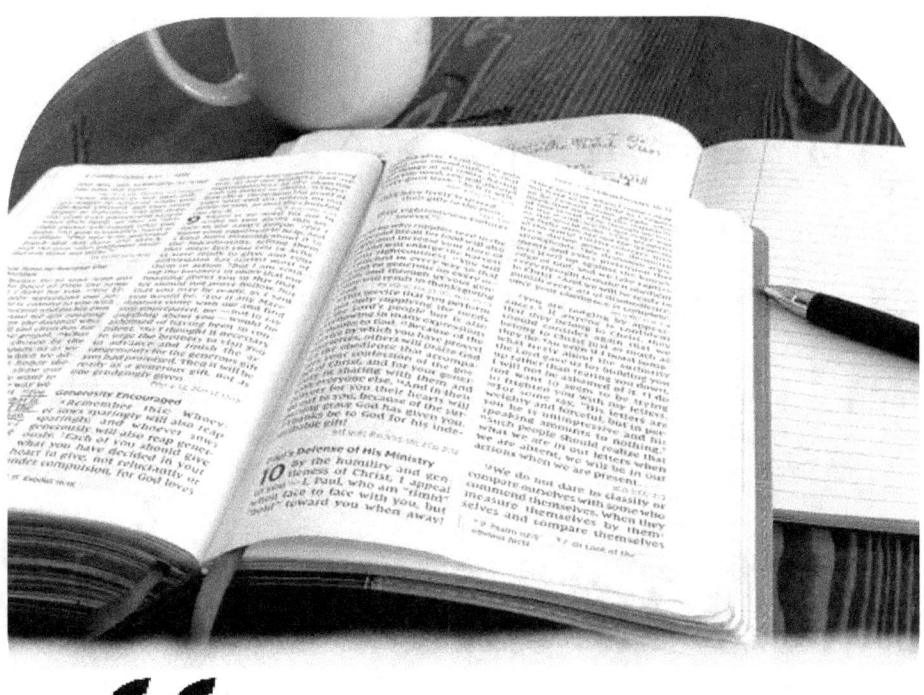

"

Un mariage sans attirance sexuelle est un suicide.

95
Le mariage
200 Pensées Inspirées

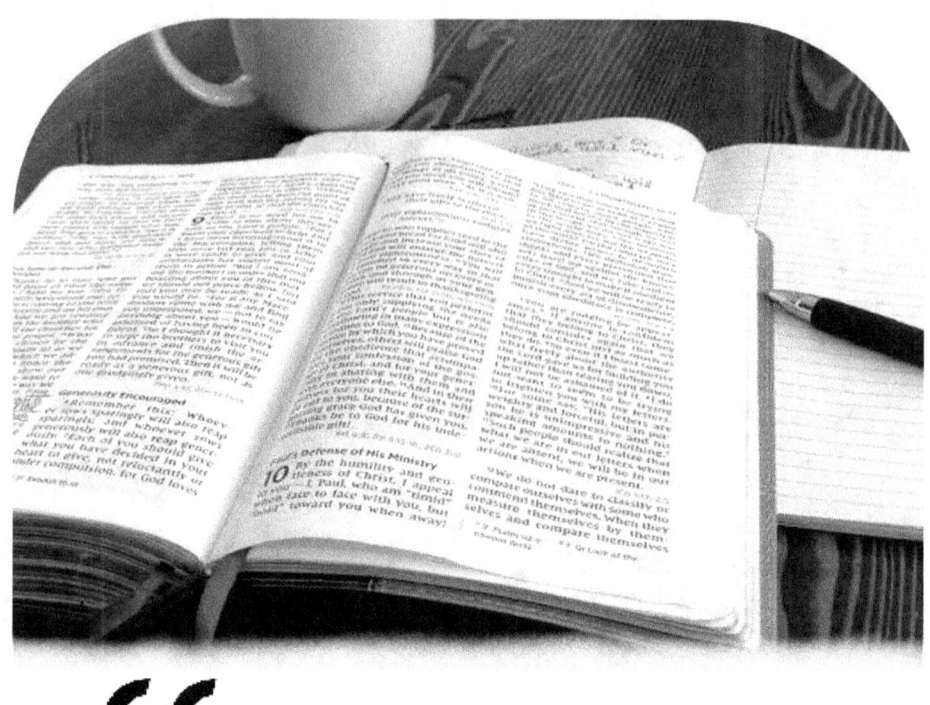

> Le mariage n'est pas la quantité des biens possédés mais la qualité de l'amour de l'un pour l'autre.

96
Le mariage

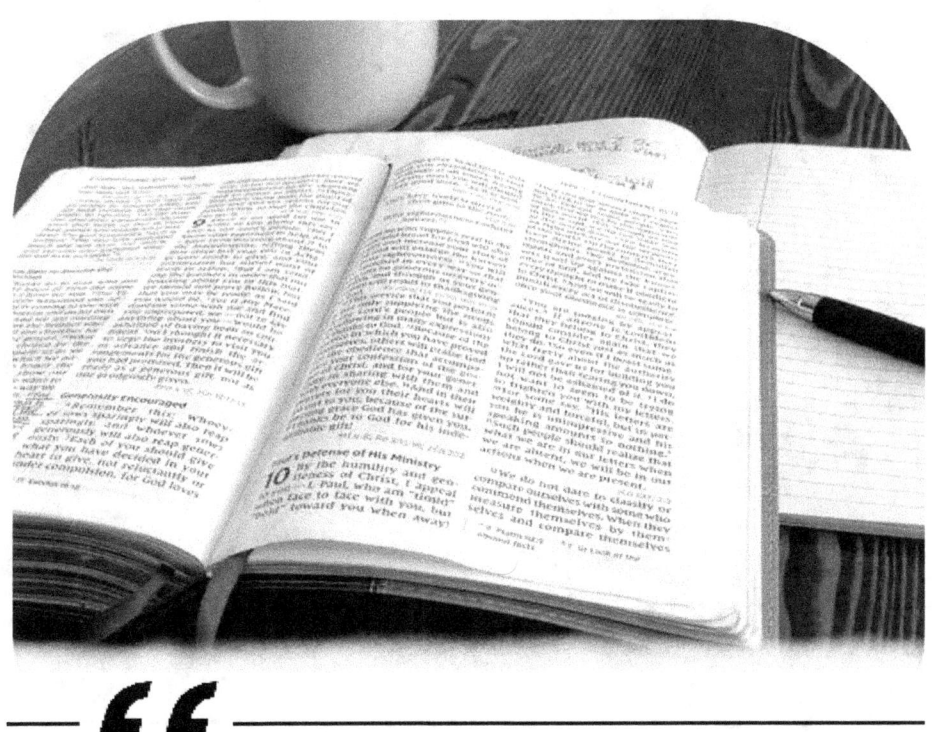

"
L'homme ne doit pas abuser de son autorité, il doit plutôt vivre comme un serviteur.

97
Le mariage
200 Pensées Inspirées

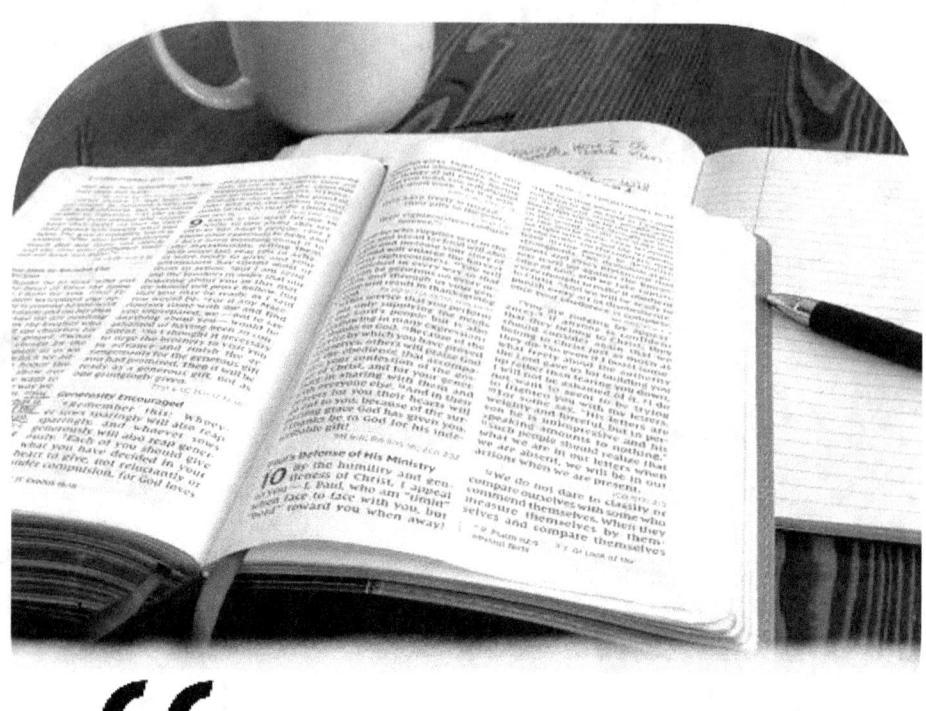

"
Se marier à un païen t'empêchera à mieux servir le Seigneur.

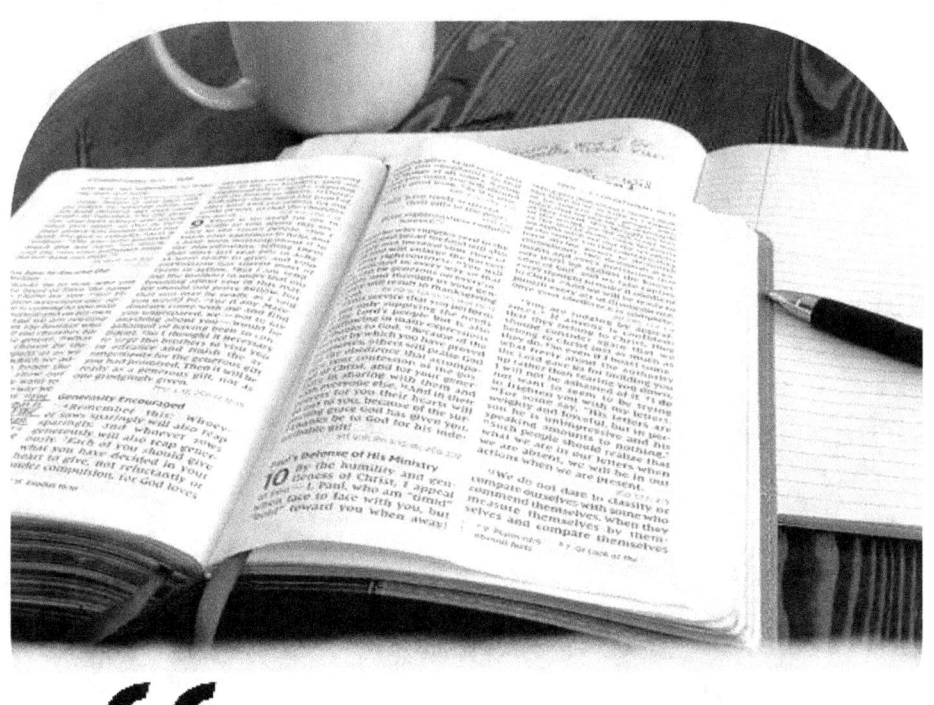

"

Il est impossible pour toute une maison de servir Dieu, si elle n'est pas unie dans le Seigneur.

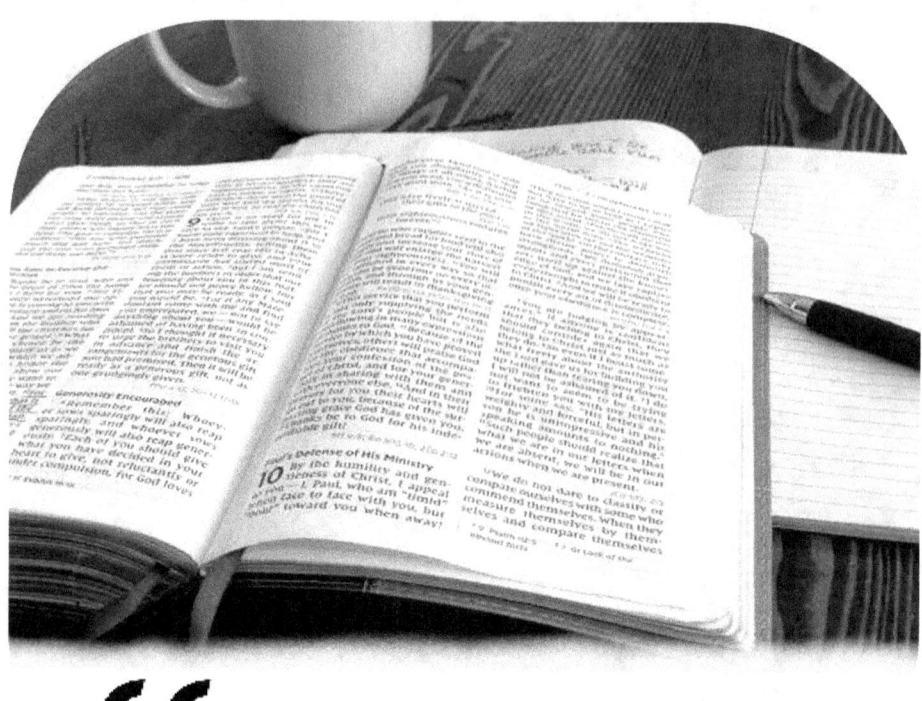

> Amener nos familles à Christ permet de fermer toutes les portes par lesquelles le diable pouvait passer.

100
Le mariage
200 Pensées Inspirées

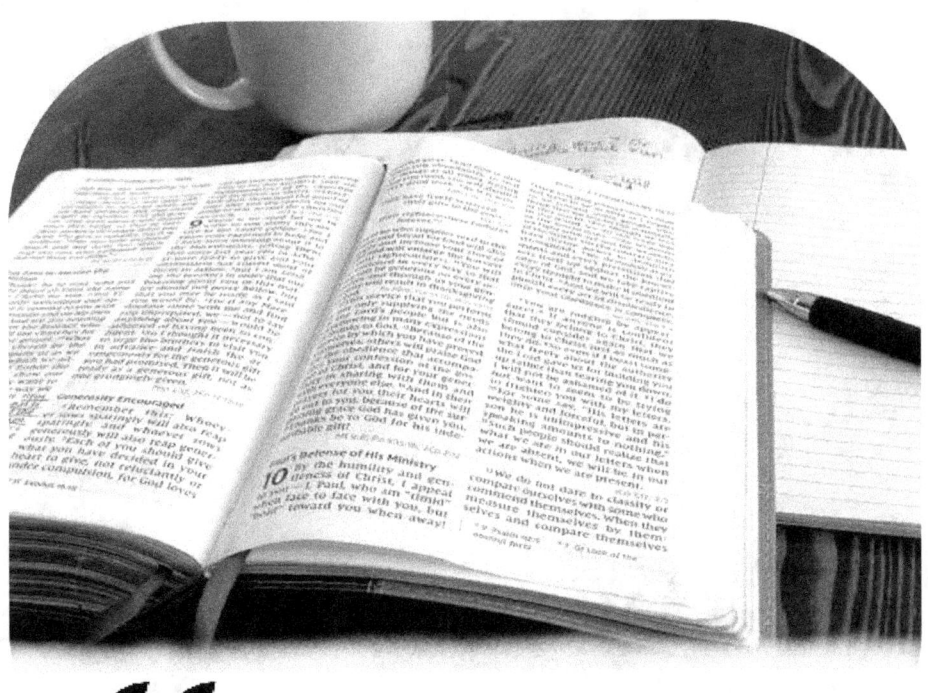

"

Quelle que soit la bonne éducation de tes enfants, seul Christ peut les protéger du péché et assurer leur futur.

101

Le mariage
200 Pensées Inspirées

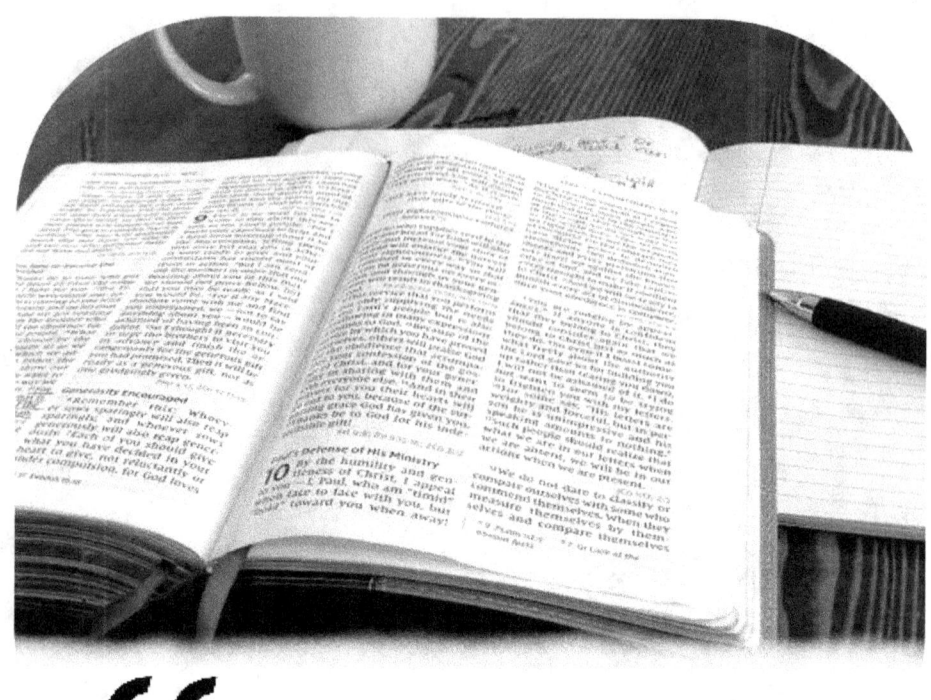

"

Ton futur avec Dieu est plus important que le plaisir de la chair.

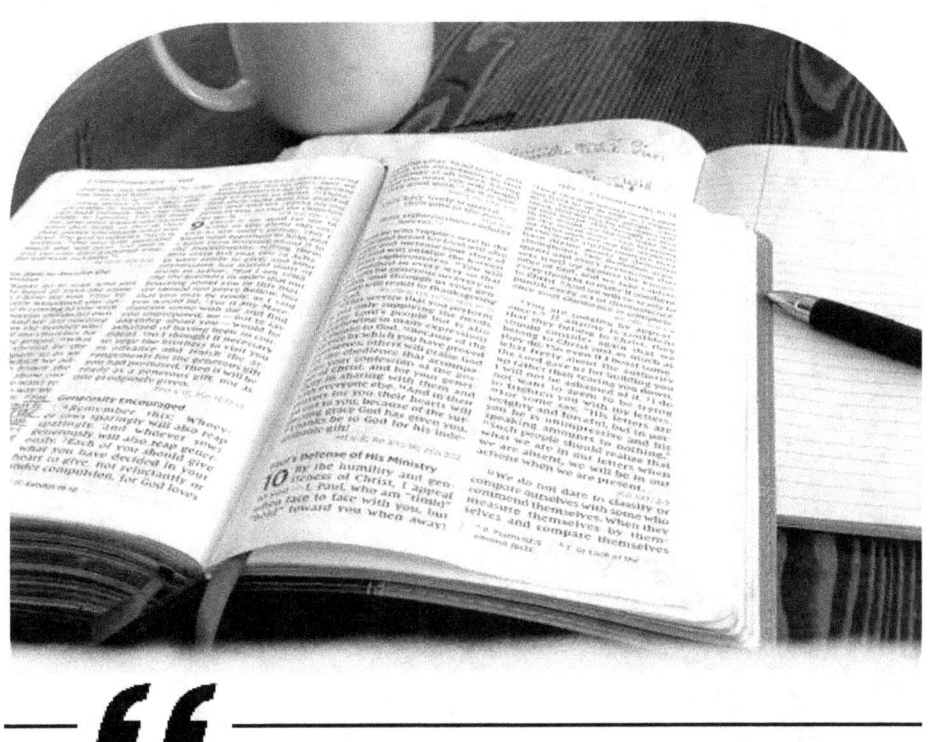

"
Ta chute peut détruire toute ta famille, veilles sur toi-même.

103
Le mariage
200 Pensées Inspirées

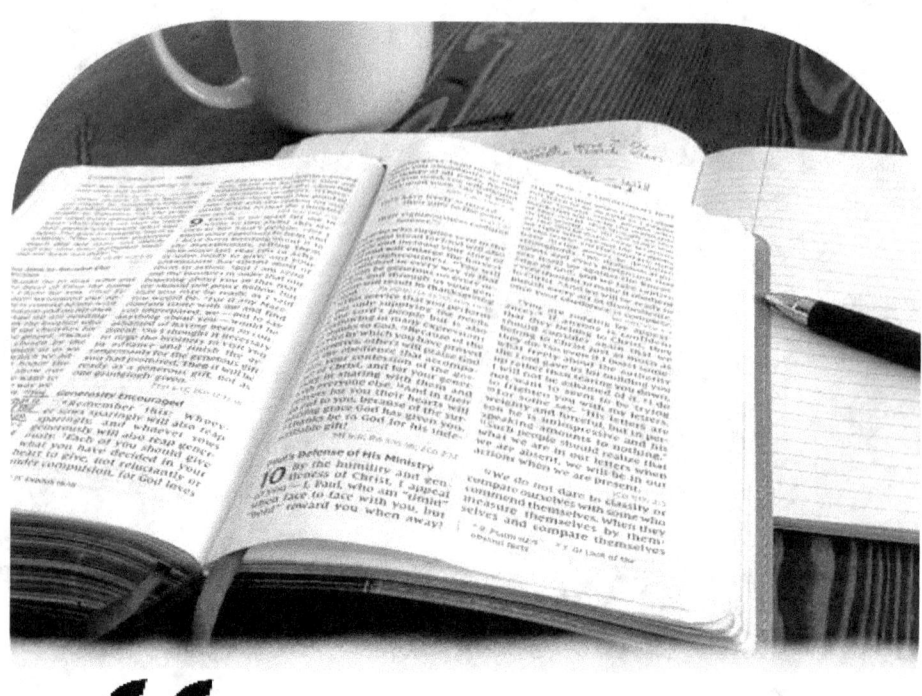

> Se marier à une personne qui craint le Seigneur c'est un bouclier et une assurance pour la vie des enfants.

104
Le mariage
200 Pensées Inspirées

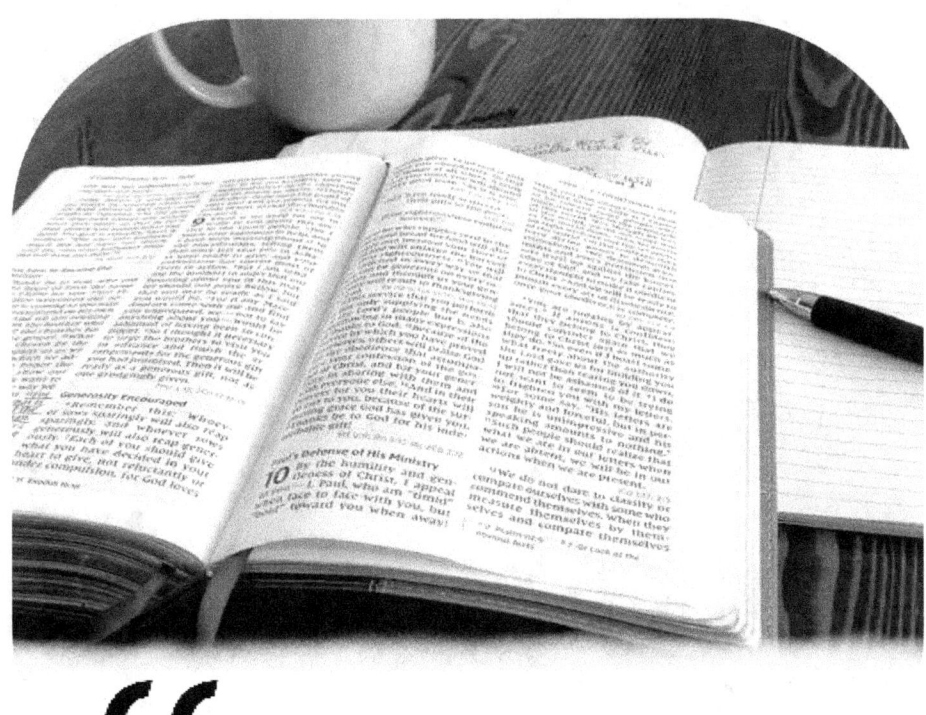

"

Mariez-vous à la personne qui connaît et craint Dieu.

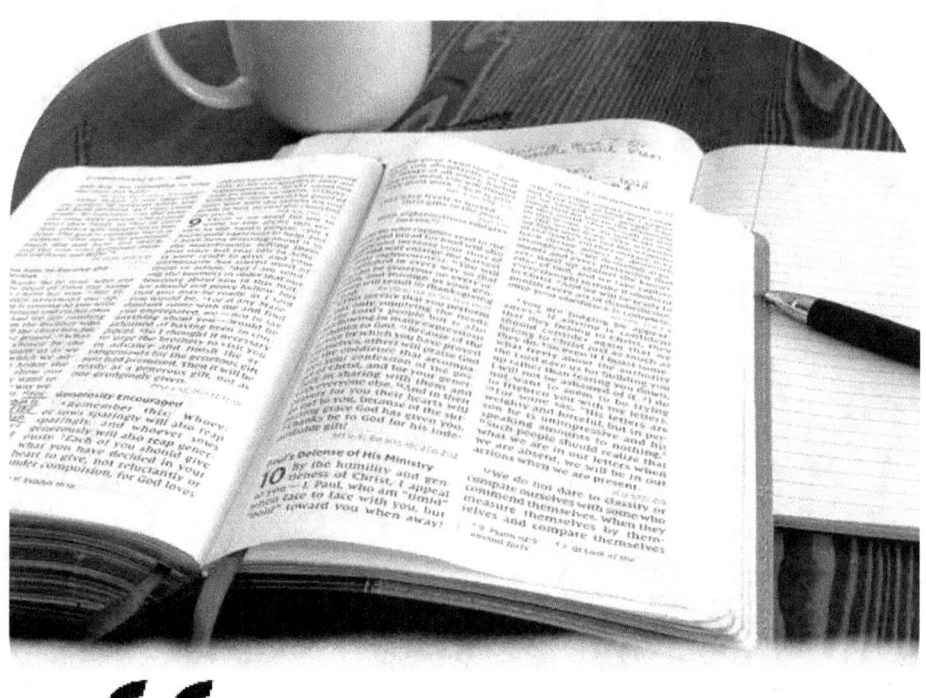

"
Les grands leaders sont reconnus par leur capacité à prévoir le futur.

Chapitre VII
LE SAINT-ESPRIT ET SES OEUVRES

Ne vous enivrez pas de vin : c'est de la débauche.
Soyez, au contraire, remplis de l'Esprit.
Éphésiens 5.18

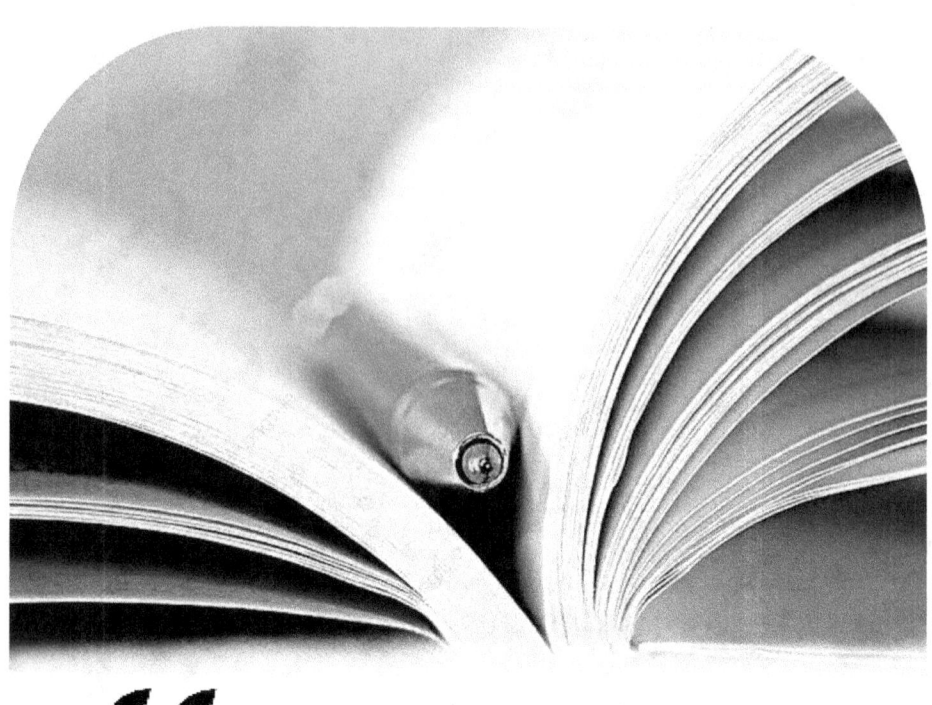

"
Tu as le Saint-Esprit en toi, c'est l'essentiel ; les hommes viennent et vont mais le Saint-Esprit demeure.

107
Le Saint-Esprit et ses œuvres
200 Pensées Inspirées

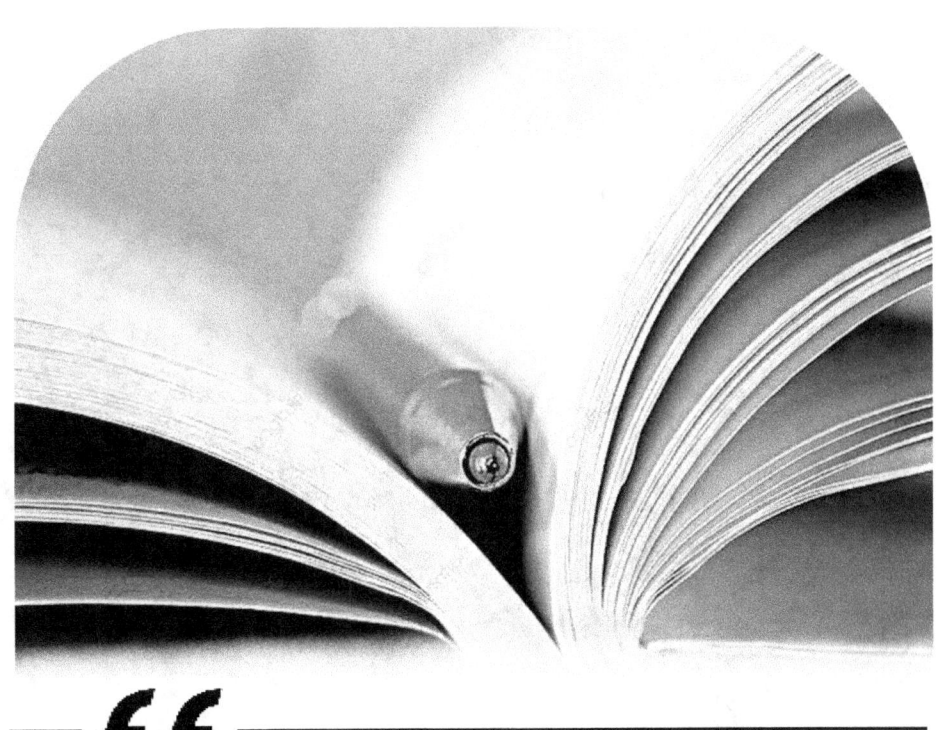

> Le Saint-Esprit étant en toi, tu n'as pas besoin de prier ni demander l'aide à saint Gabriel déjà mort.

108
Le Saint-Esprit et ses œuvres
200 Pensées Inspirées

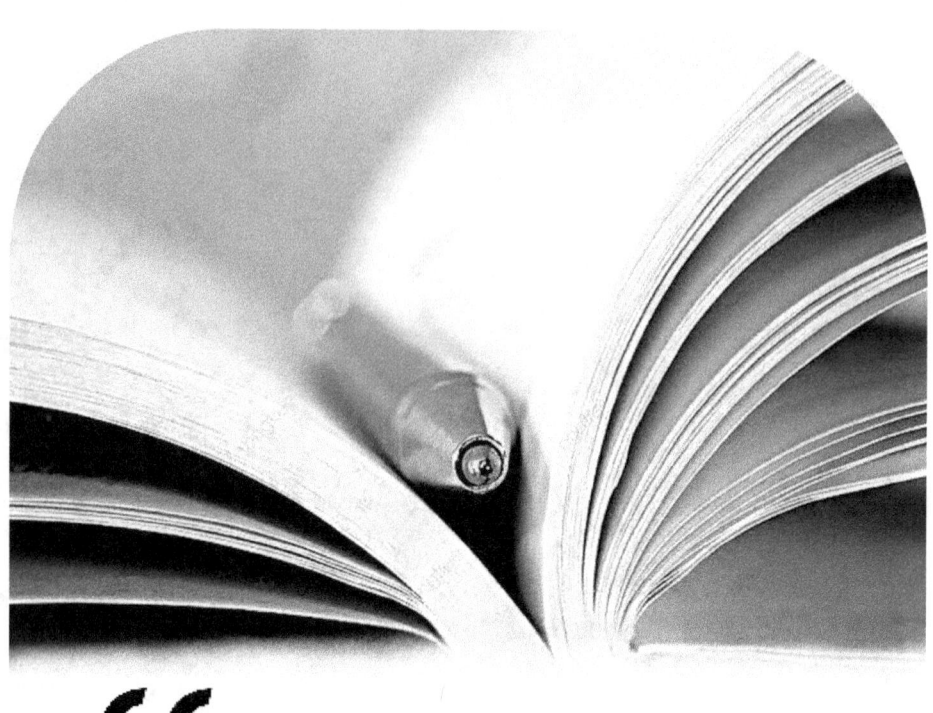

"

Le Saint-Esprit n'a pas besoin d'un intermédiaire pour te parler, il est capable de t'atteindre. Attends-toi à lui.

109
Le Saint-Esprit et ses œuvres
200 Pensées Inspirées

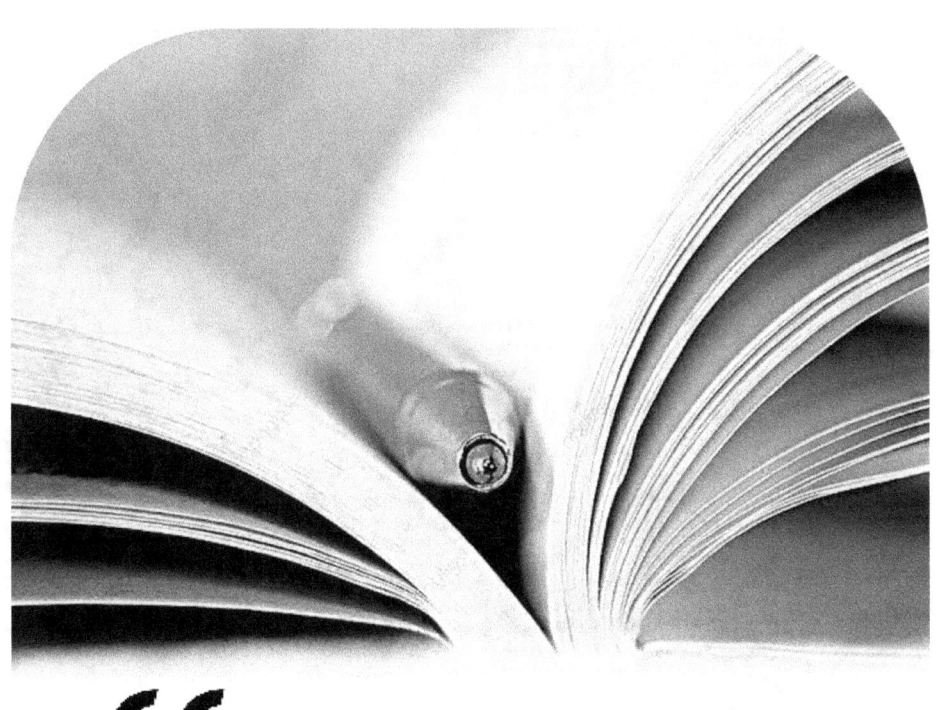

L'onction est un revêtement de puissance reçu du Saint-Esprit pour une mission précise.

110
Le Saint-Esprit et ses œuvres
200 Pensées Inspirées

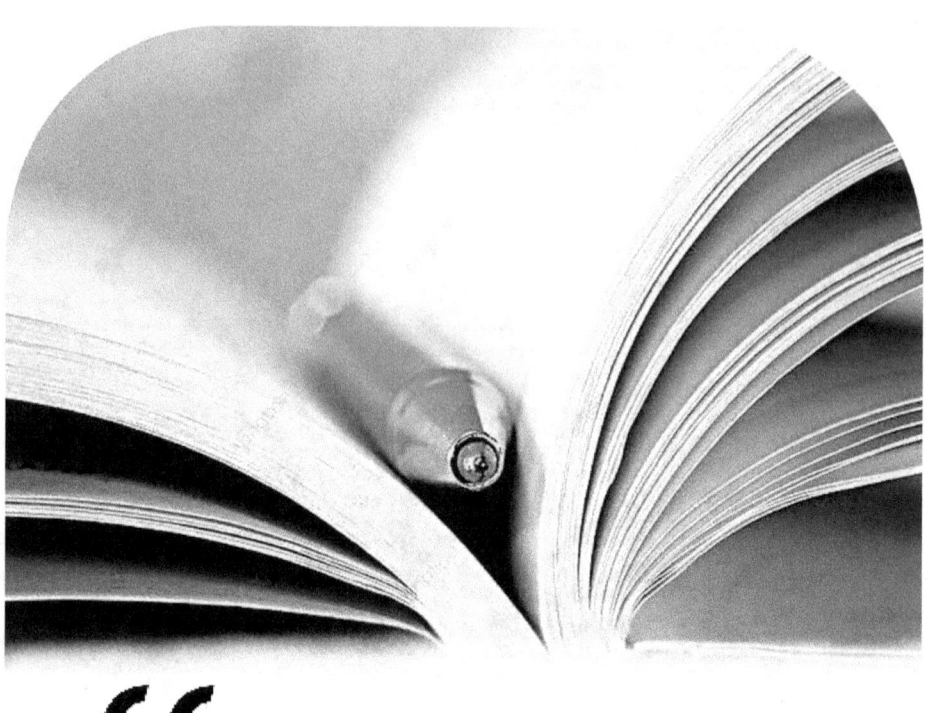

L'onction t'accorde la direction à condition de te laisser emporter par le Saint-Esprit.

111
Le Saint-Esprit et ses œuvres
200 Pensées Inspirées

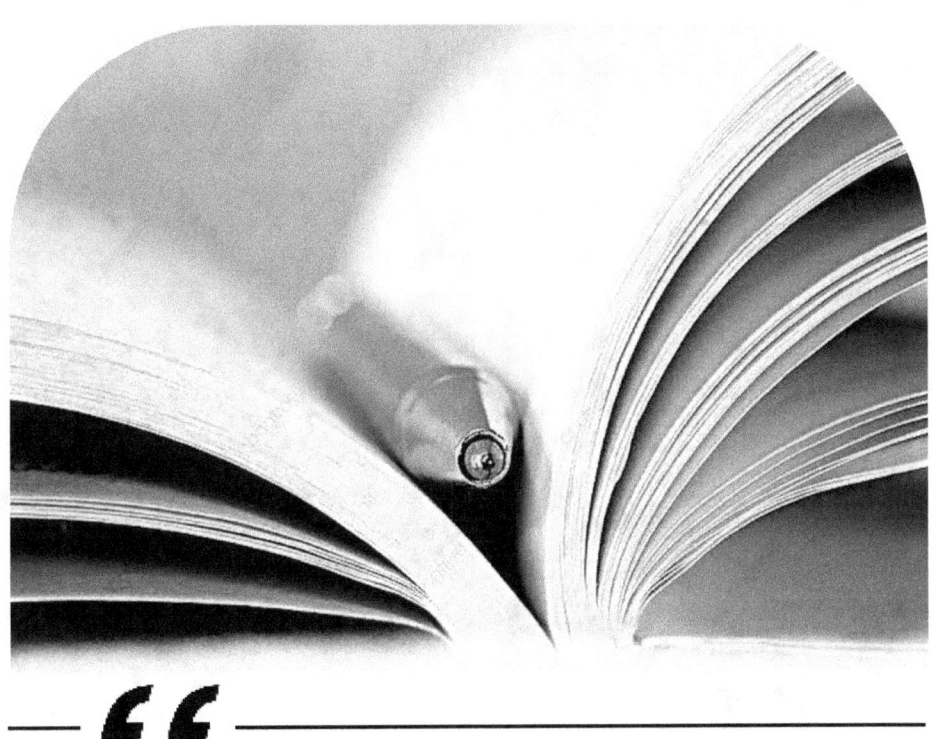

"
Lorsque l'Éternel te remplit, il t'amène dans ta destinée.

112

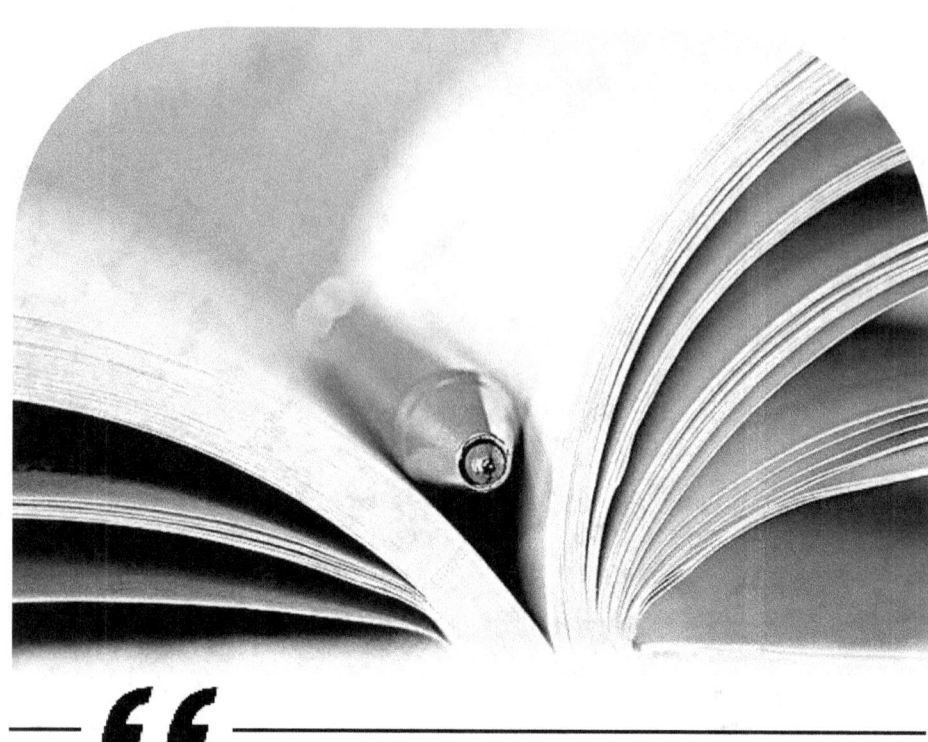

"

Toute onction prise par habitude perd sa qualité.

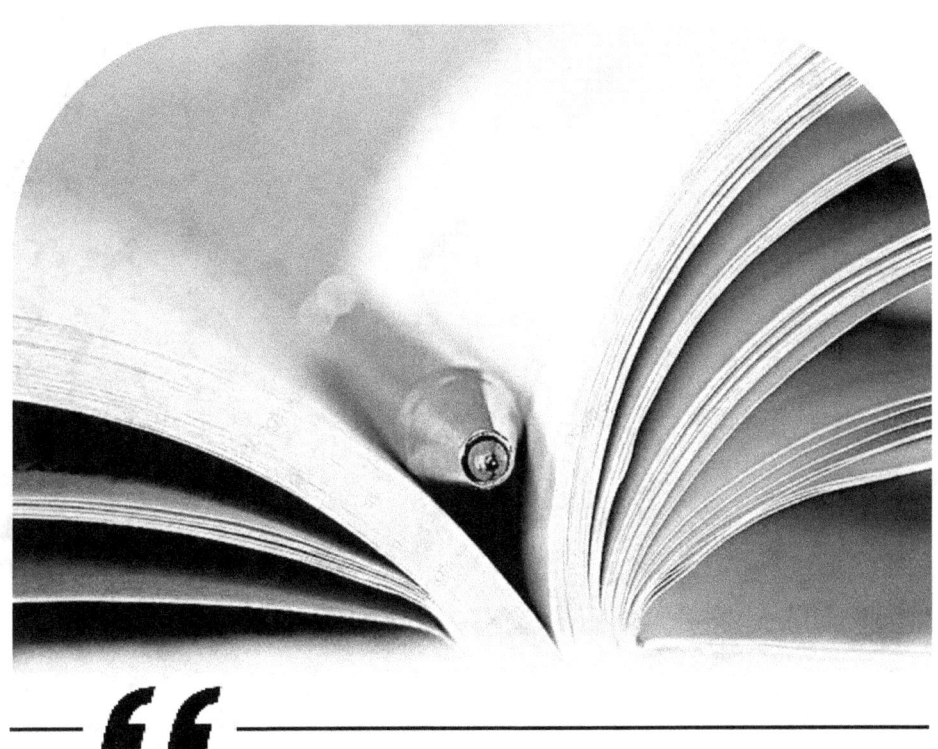

L'onction brise les chaînes et rend facile certaines situations de la vie.

114

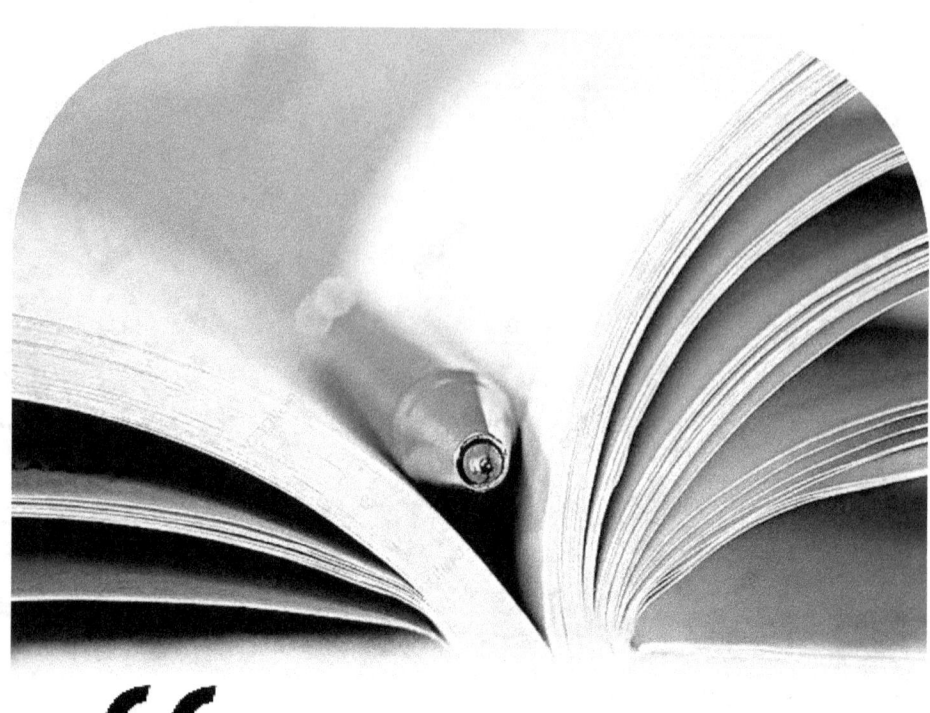

"

Laisses le Saint-Esprit ouvrir ton intelligence afin de te révéler sa pure volonté.

115

Le Saint-Esprit et ses œuvres
200 Pensées Inspirées

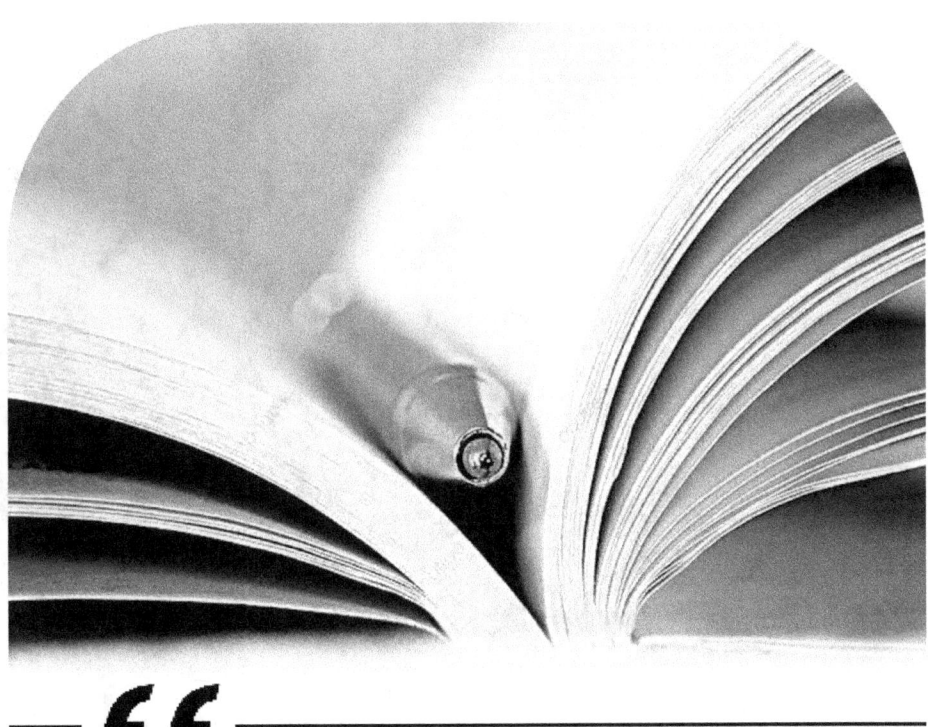

L'onction du Seigneur amène la constance dans notre foi chrétienne

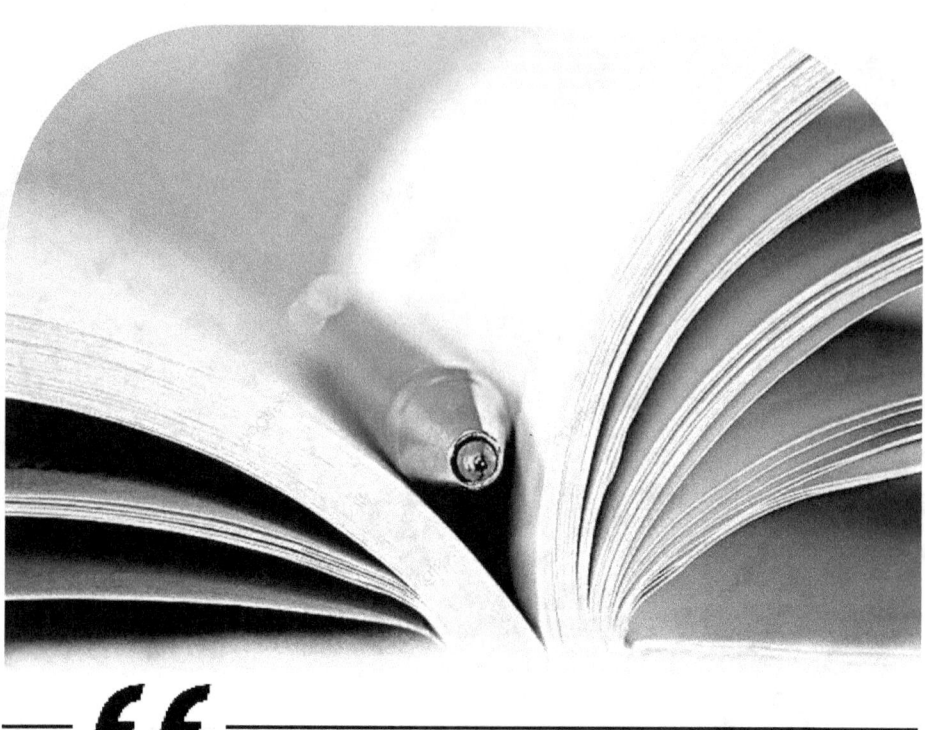

"

Attrister le Saint-Esprit revient à être assis à bord d'un véhicule sans chauffeur.

117

Le Saint-Esprit et ses œuvres
200 Pensées Inspirées

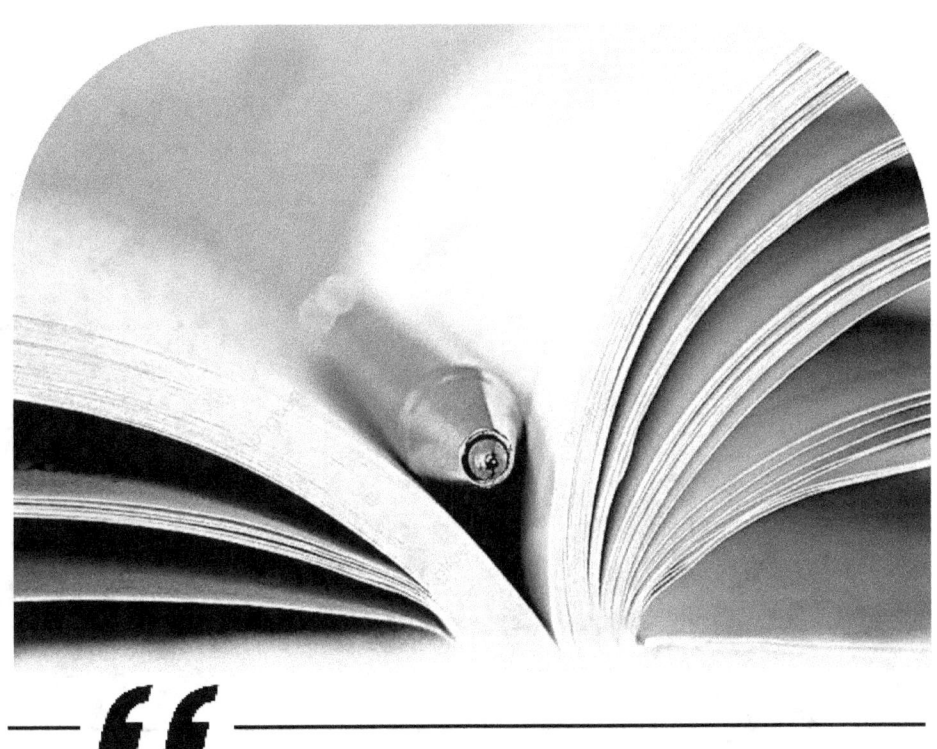

> Sans la plénitude du Saint-Esprit tu ne sauras pas manifester les dons spirituels.

118

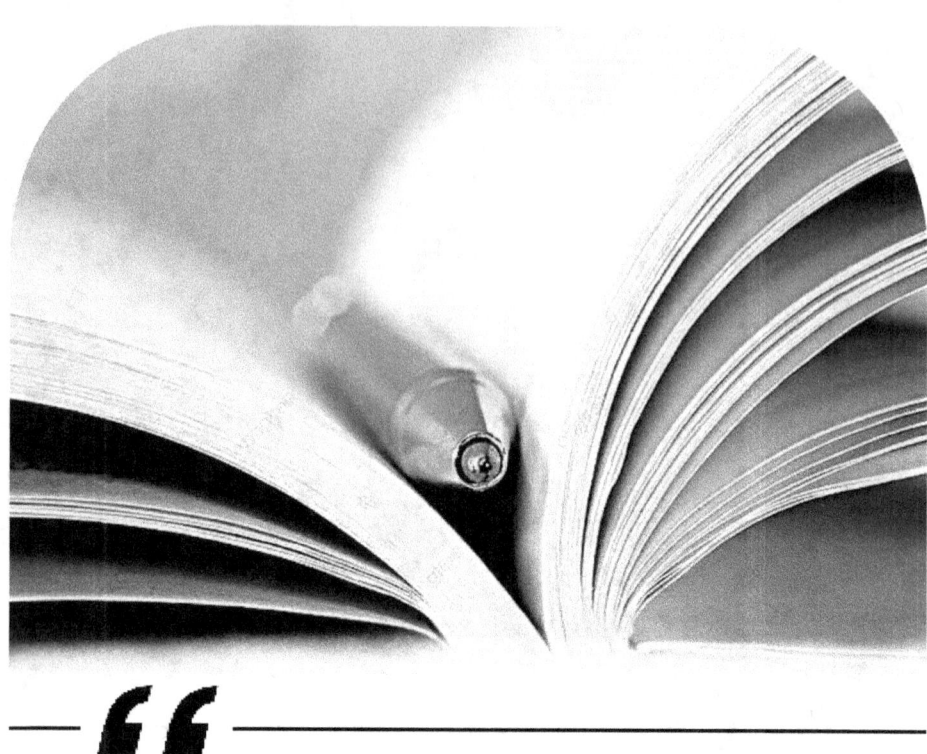

"

Ignorer le Saint-Esprit, c'est le début de l'échec d'une vie.

119
Le Saint-Esprit et ses œuvres
200 Pensées Inspirées

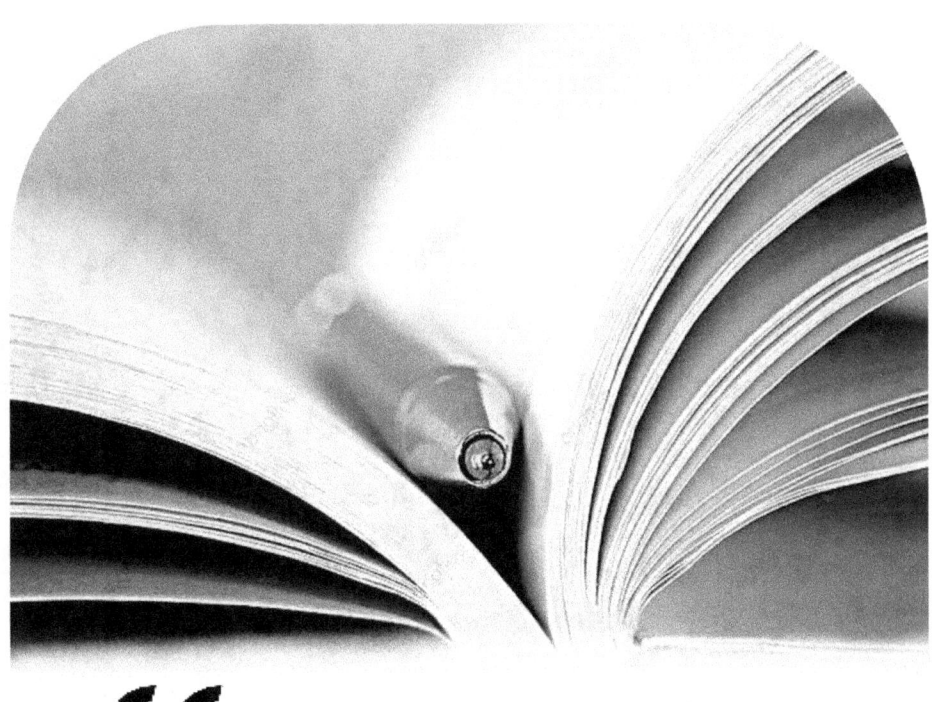

"

Chaque fidèle a le droit de recevoir une onction de la part de son pasteur mais chaque fils reçoit la double portion de la part de son père.

120

Le Saint-Esprit et ses œuvres
200 Pensées Inspirées

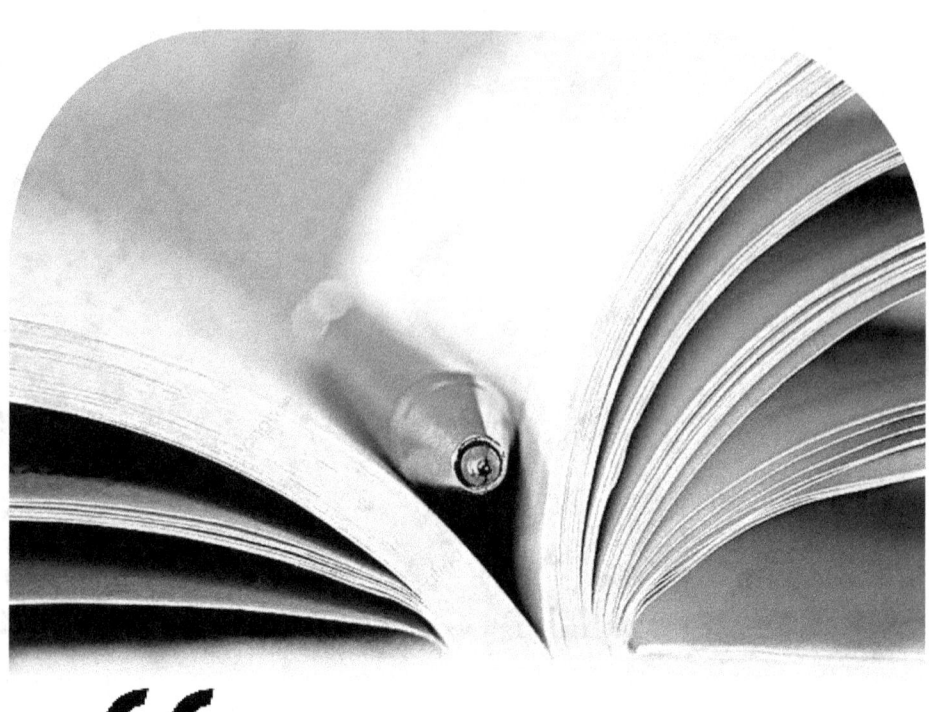

Toute manifestation publique de l'onction du Saint-Esprit a comme source l'expérience privée.

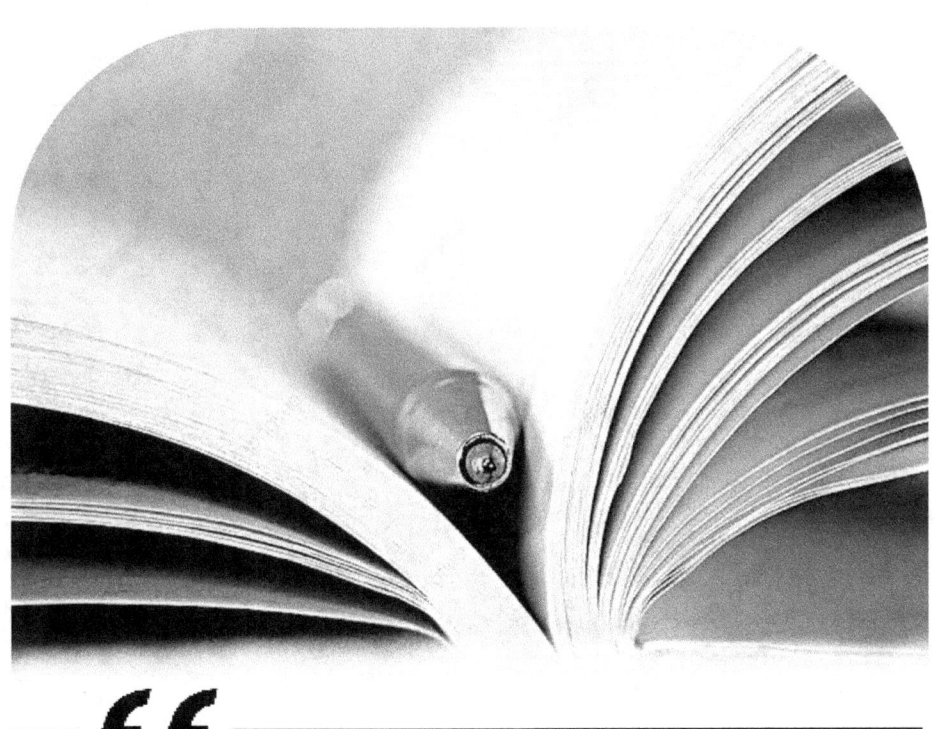

"

Recevoir le Saint-Esprit est une chose, le laisser vivre en vous en est une autre. Laisses le contrôler ta vie.

122

Le Saint-Esprit et ses œuvres
200 Pensées Inspirées

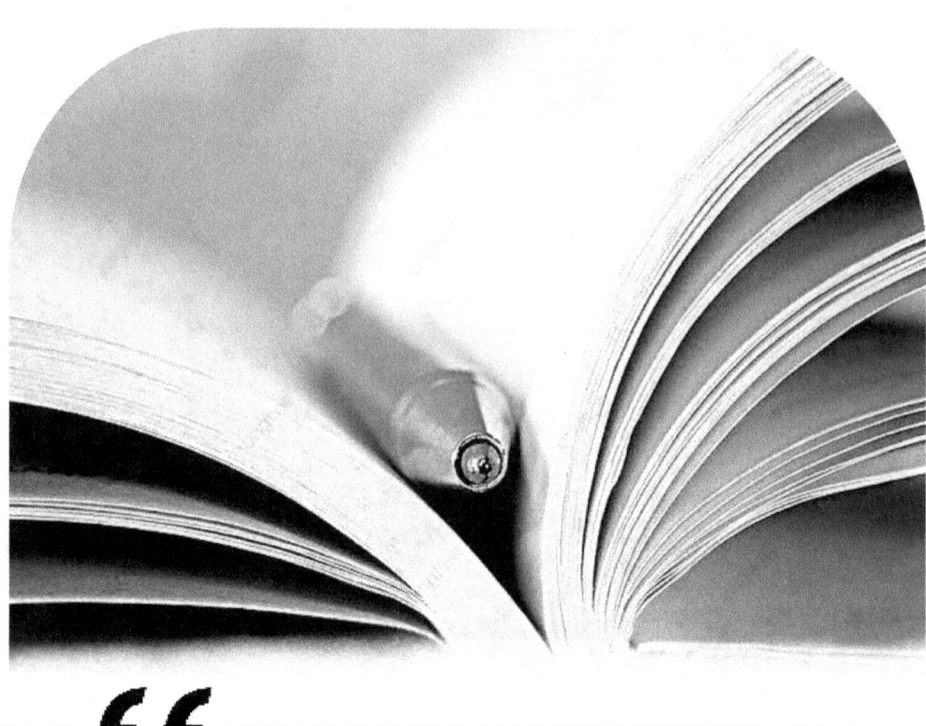

> L'onction de la mission dépend de notre communion avec le Saint-Esprit.

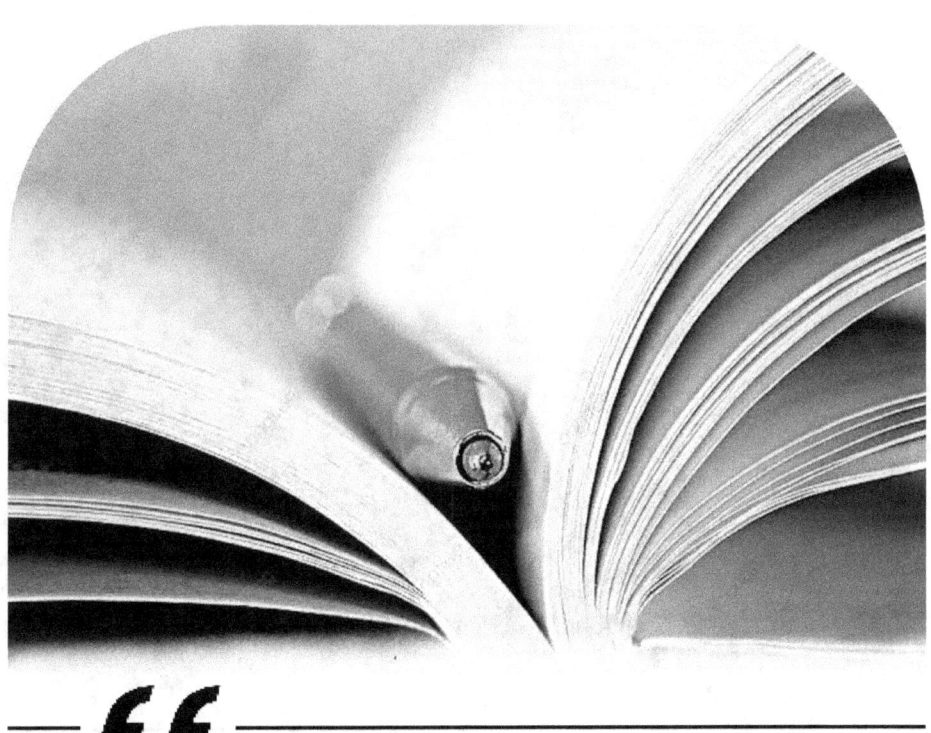

"
Avant de vivre une nouvelle dimension du Saint-Esprit, vous devez la désirer.

124
Le Saint-Esprit et ses œuvres
200 Pensées Inspirées

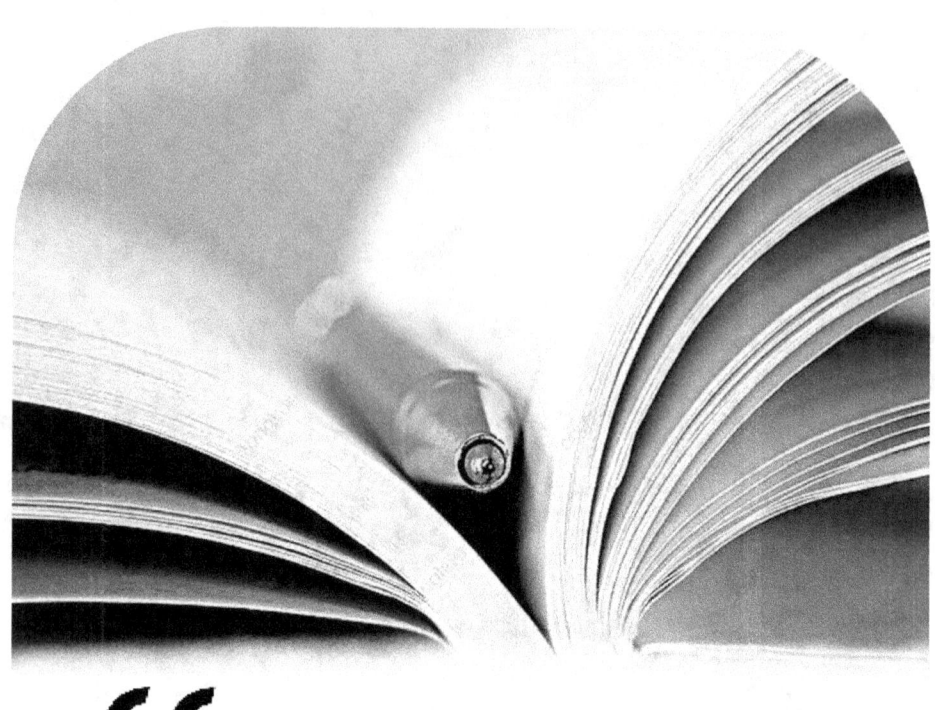

> L'heure est venue où nous devons vivre nôtre véritable vie en Christ sous l'onction de son Esprit.

125
Le Saint-Esprit et ses œuvres
200 Pensées Inspirées

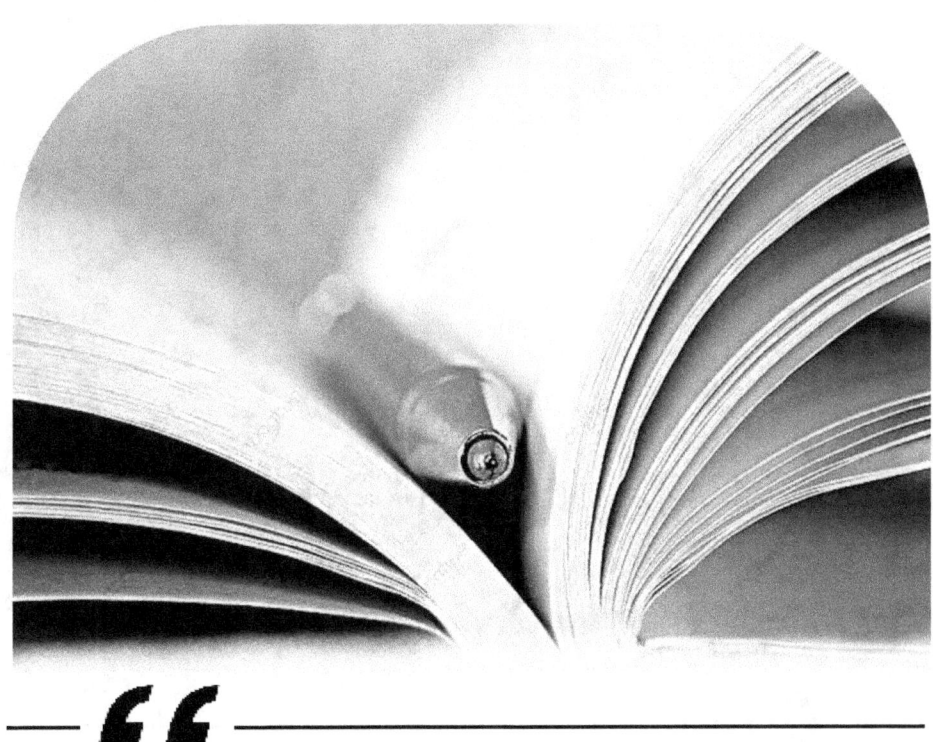

Tout véritable chrétien est conduit par le Saint-Esprit.

126
Le Saint-Esprit et ses œuvres
200 Pensées Inspirées

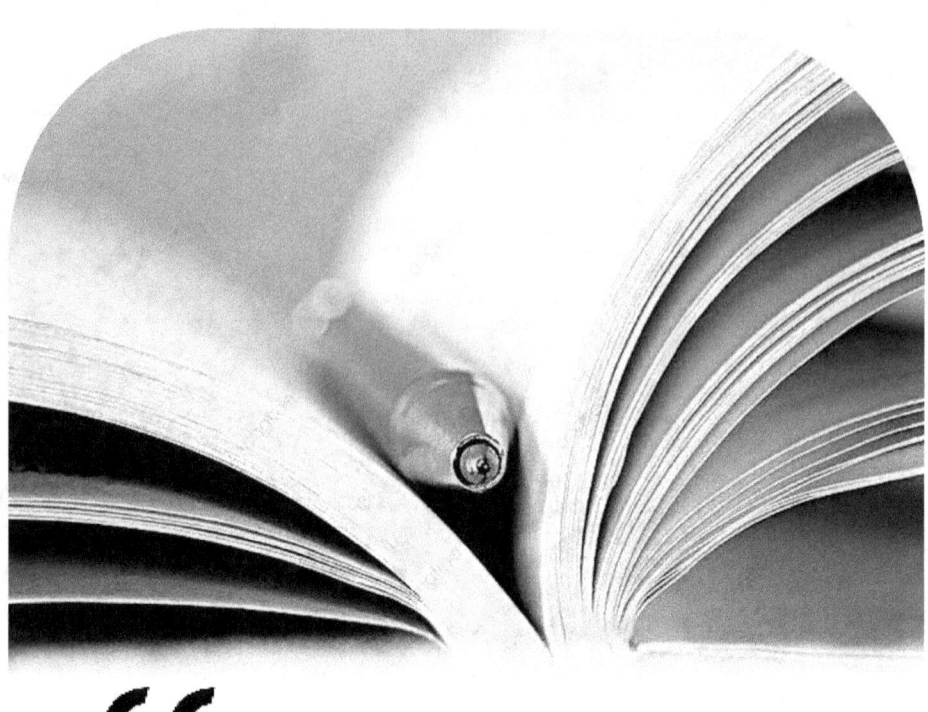

"

La présence de l'Éternel dans une vie chasse toute présence maléfique et satanique.

127

Le Saint-Esprit et ses œuvres
200 Pensées Inspirées

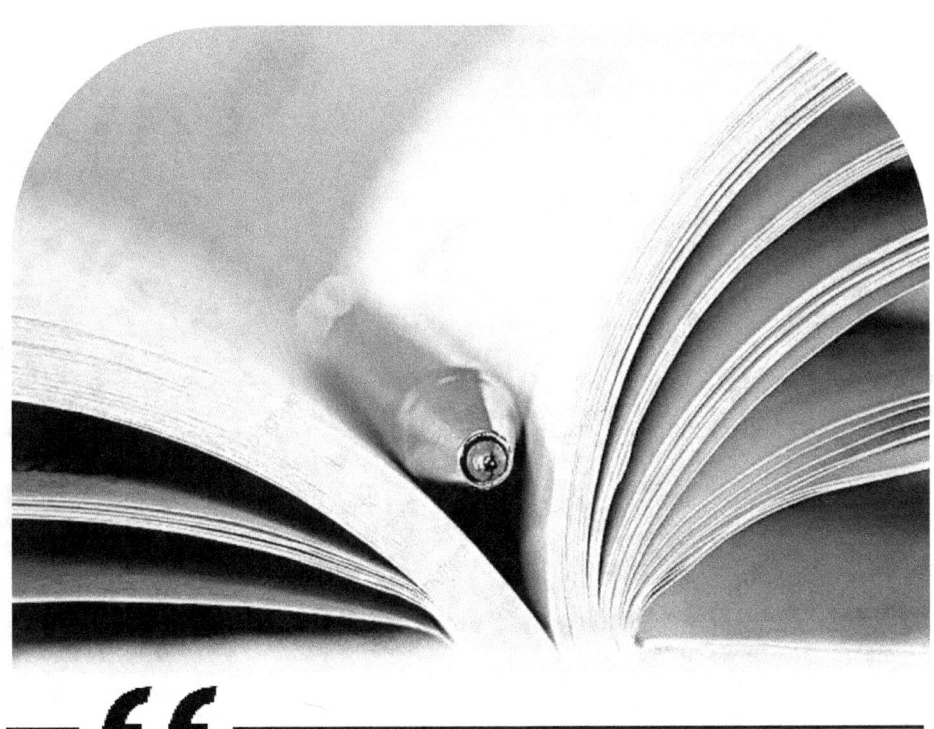

Ce qui te remplit est ce qui te conduit.

128

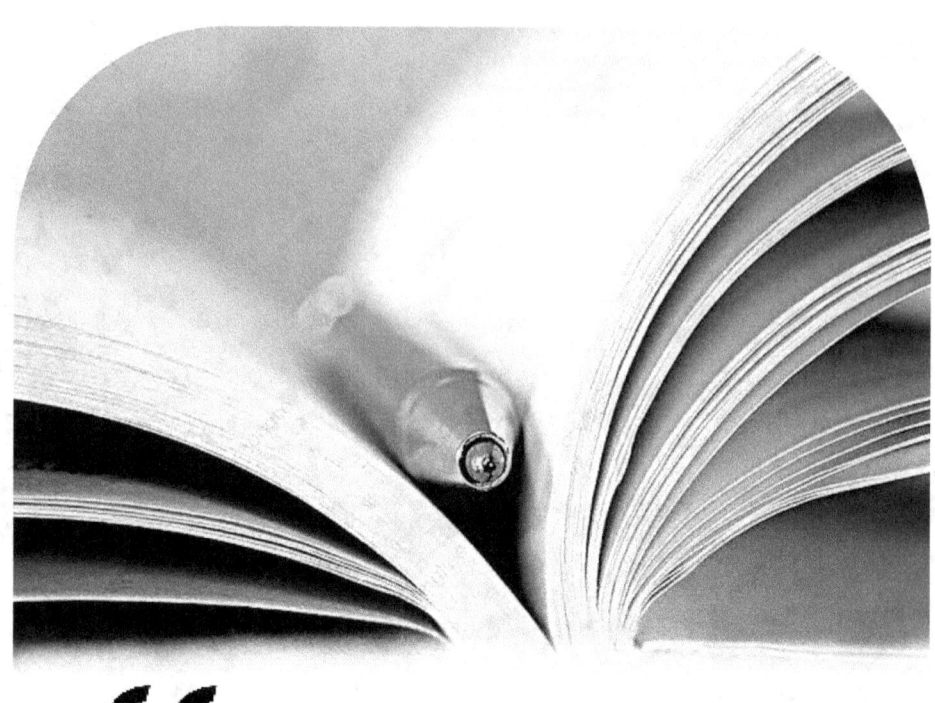

"

On ne peut arriver à la maturité chrétienne en négligeant l'œuvre du Saint-Esprit.

129
Le Saint-Esprit et ses œuvres
200 Pensées Inspirées

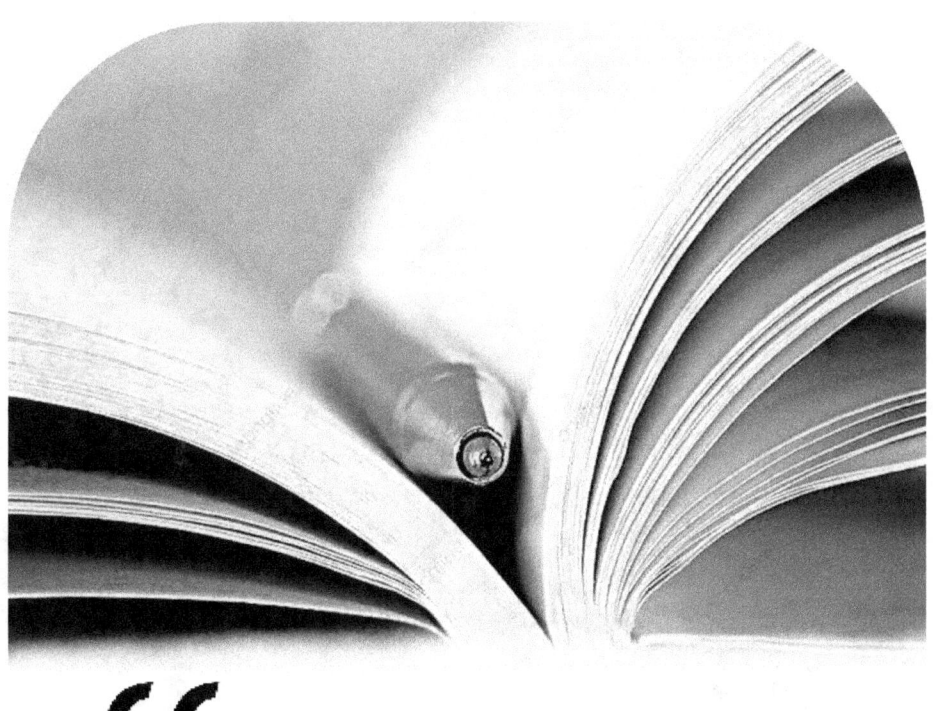

> Seul le Saint-Esprit connaît et conduit chacun dans sa destinée.

130
Le Saint-Esprit et ses œuvres
200 Pensées Inspirées

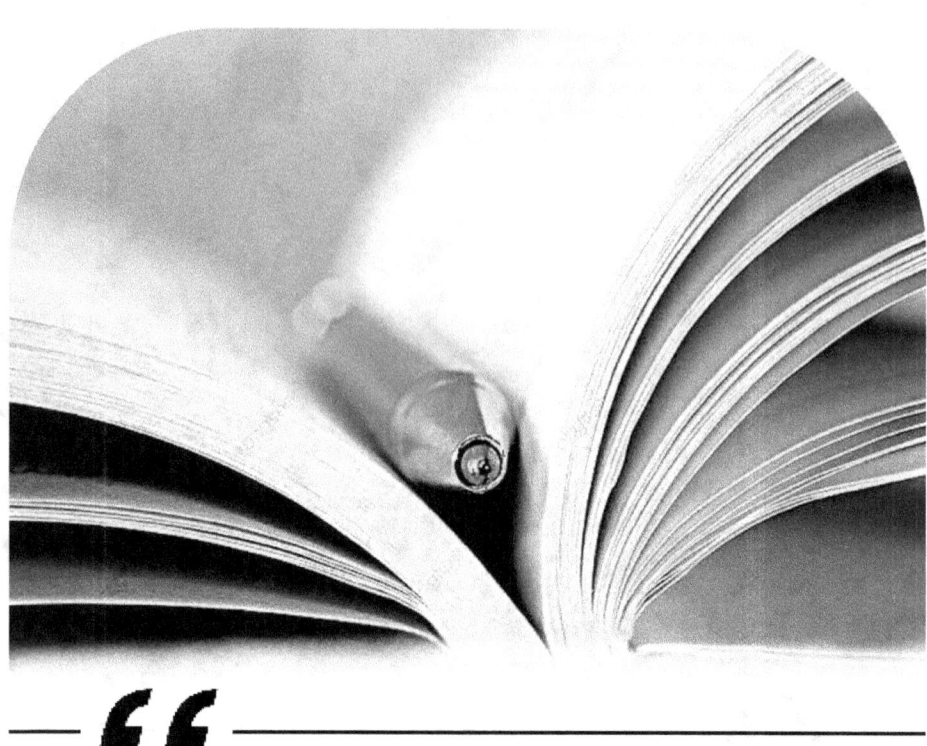

"
L'autorité divine ne détruit pas mais elle construit.

131
Le Saint-Esprit et ses œuvres
200 Pensées Inspirées

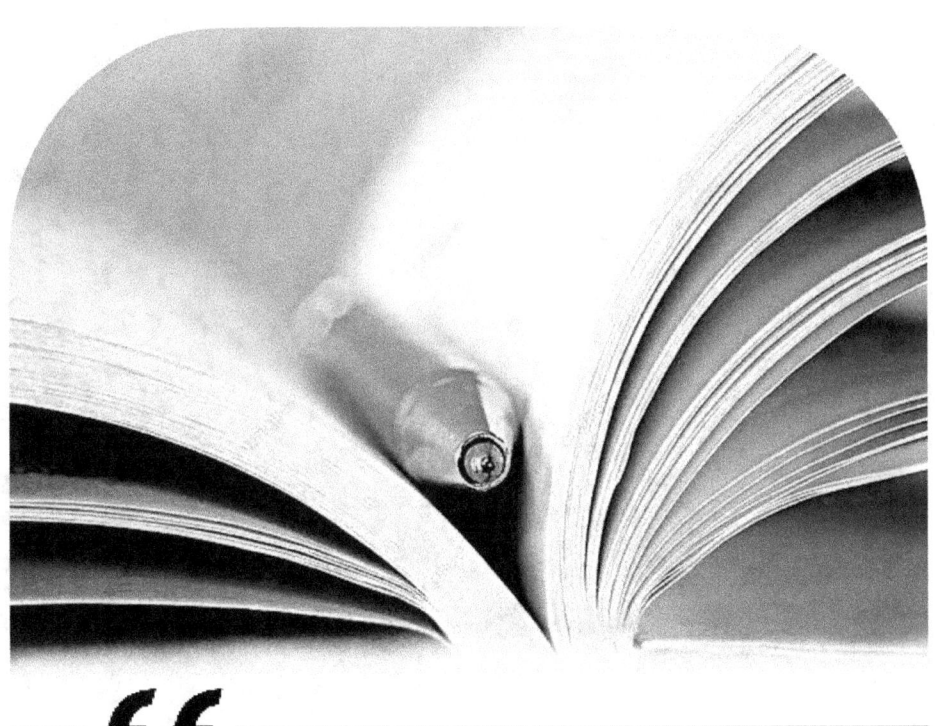

"

Ne soyez pas orgueilleux devant le Saint-Esprit ; demeurez humble et laissez-vous instruire par lui.

132
Le Saint-Esprit et ses œuvres
200 Pensées Inspirées

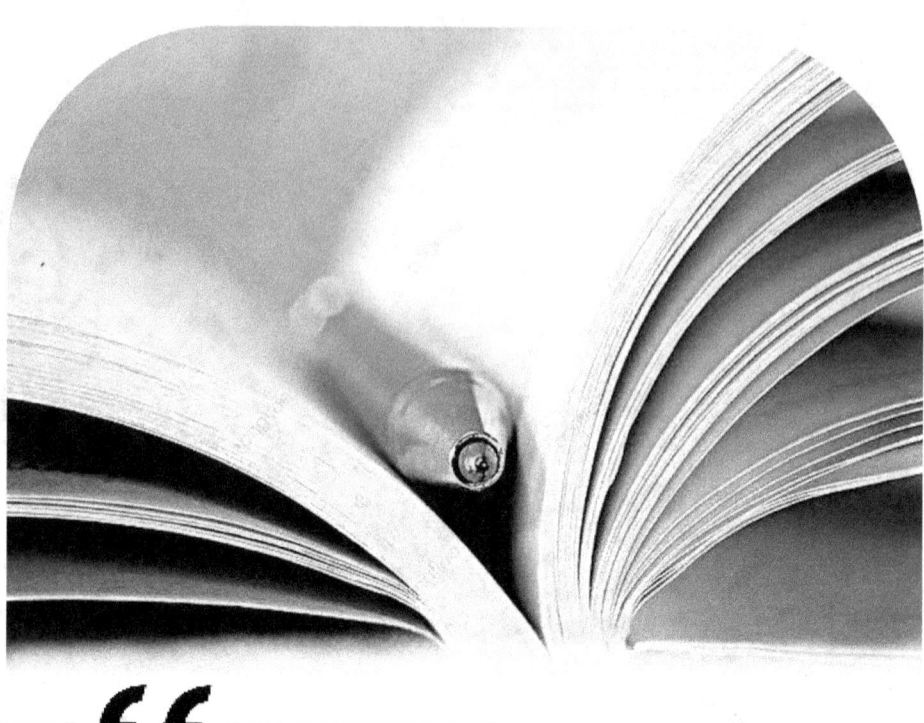

"

L'orgueil est une barrière à la pentecôte, abandonne-toi entre les mains du Seigneur.

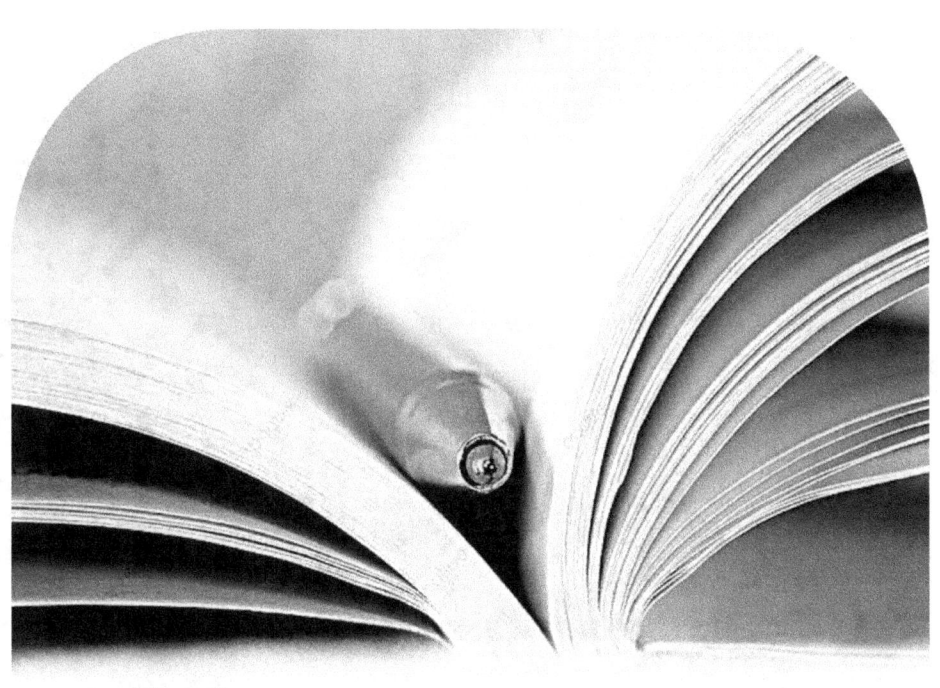

"

Est tu prêt à être consumé sans résister sur l'autel du Seigneur, à ne pas regarder à ta réputation et être dépouiller du « moi » ?

134

Le Saint-Esprit et ses œuvres
200 Pensées Inspirées

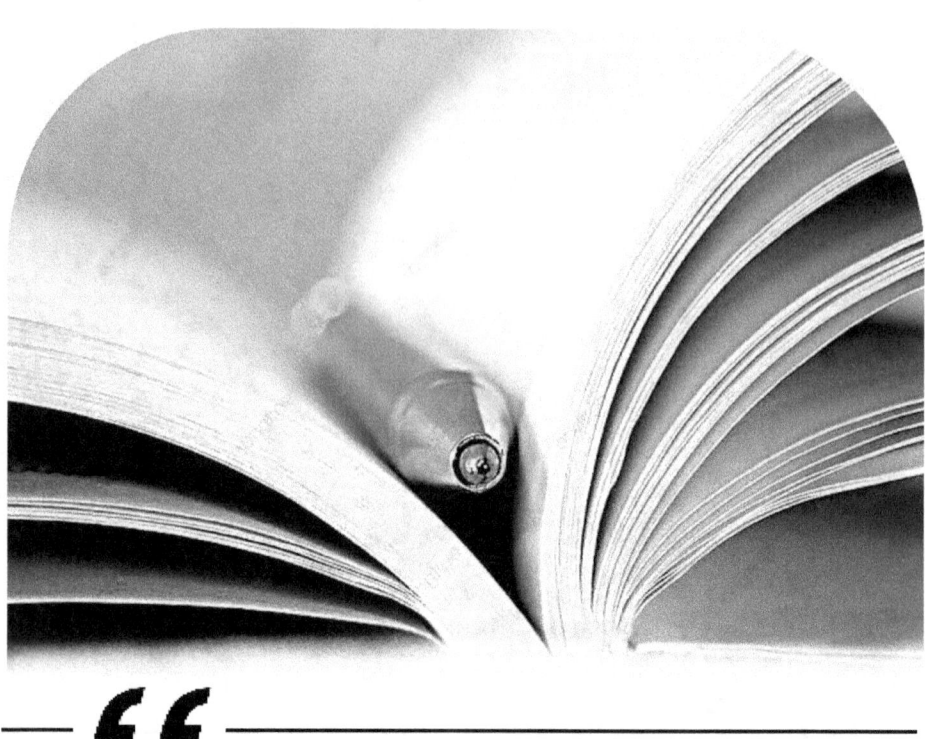

« Devient une offrande sur l'autel de l'Éternel.

135

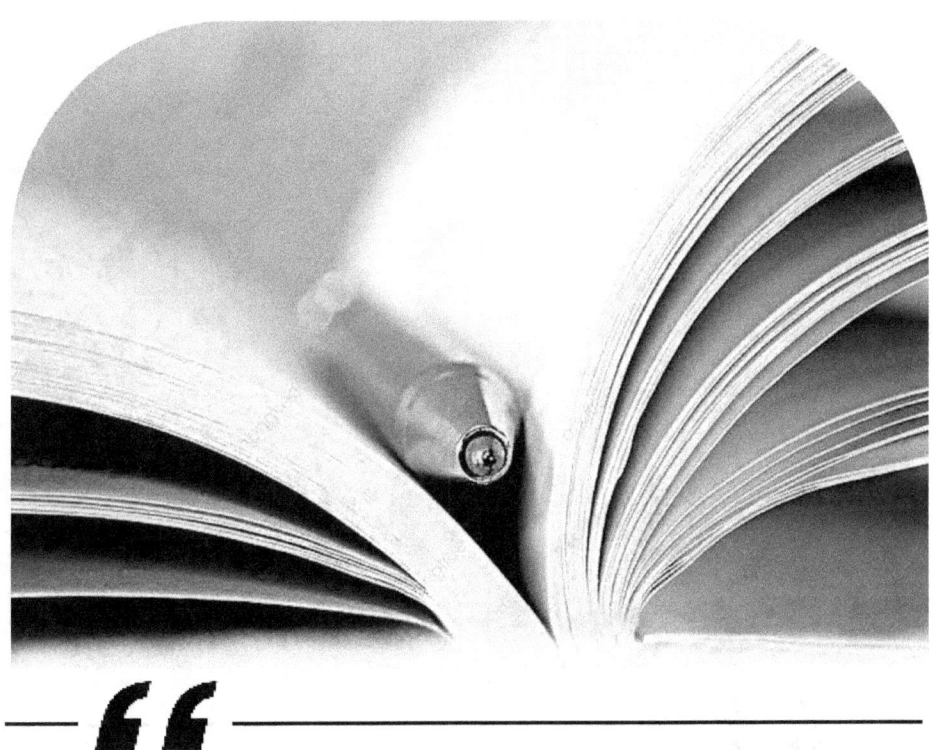

> Le feu de la pentecôte ne descend que sur l'holocauste car elle n'a ni volonté, ni souhaits, elle se laisse totalement faire.

136
Le Saint-Esprit et ses œuvres
200 Pensées Inspirées

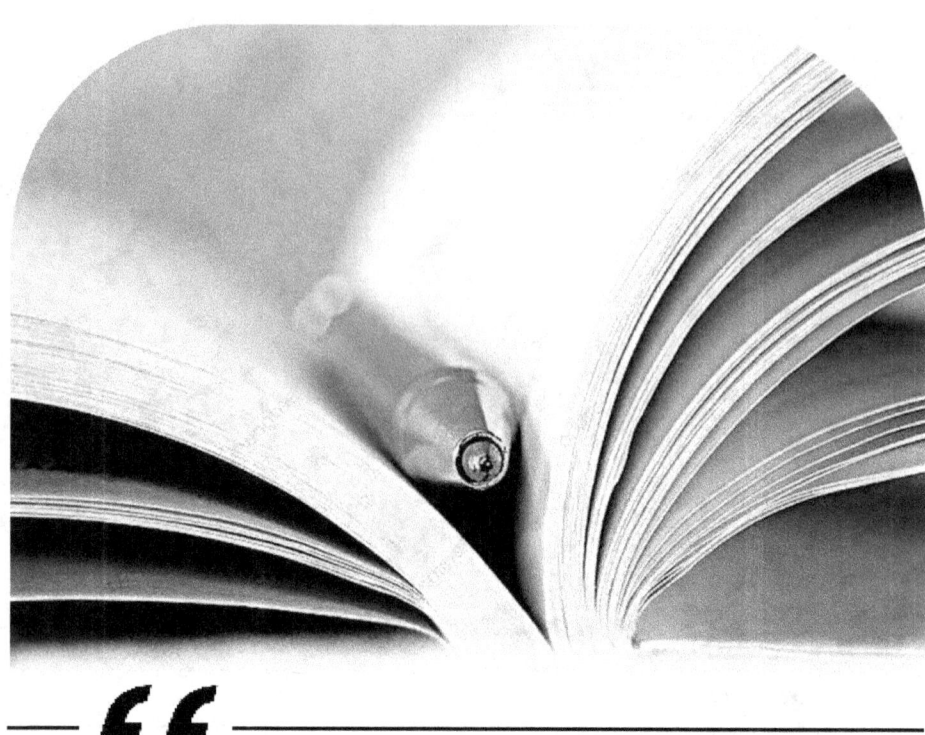

"

La voix du Saint Esprit n'est pas forcément spectaculaire comme certains s'y attendent, Il sait être doux dans les murmures de nos cœurs.

137
Le Saint-Esprit et ses œuvres
200 Pensées Inspirées

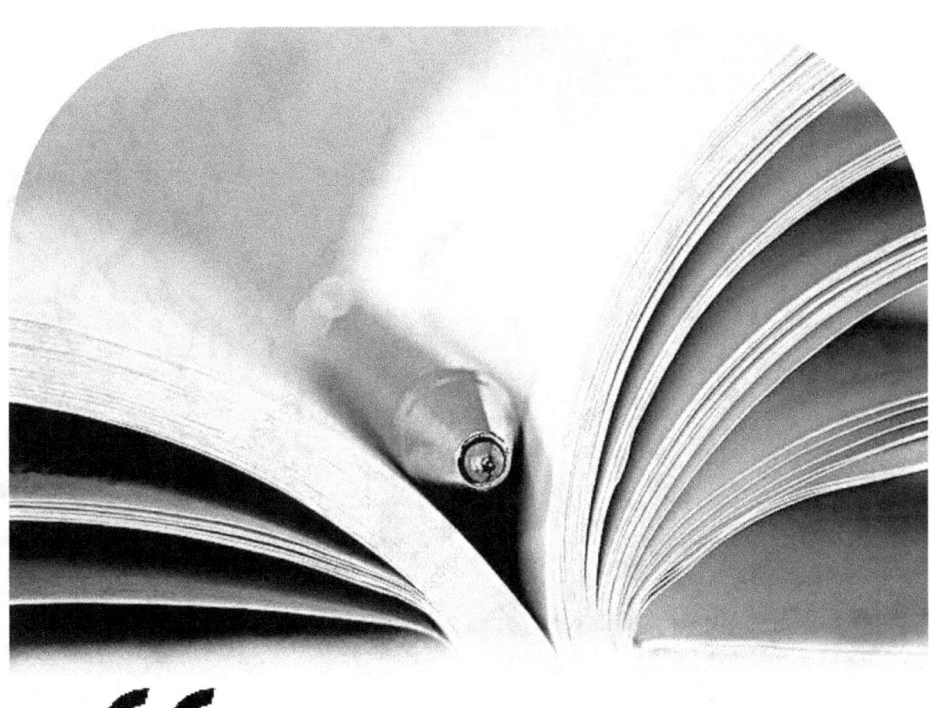

"

Le Seigneur veut travailler avec ceux qui sont mâtures et consacrés, pas les capricieux voulant être traités en petits princes.

138
Le Saint-Esprit et ses œuvres
200 Pensées Inspirées

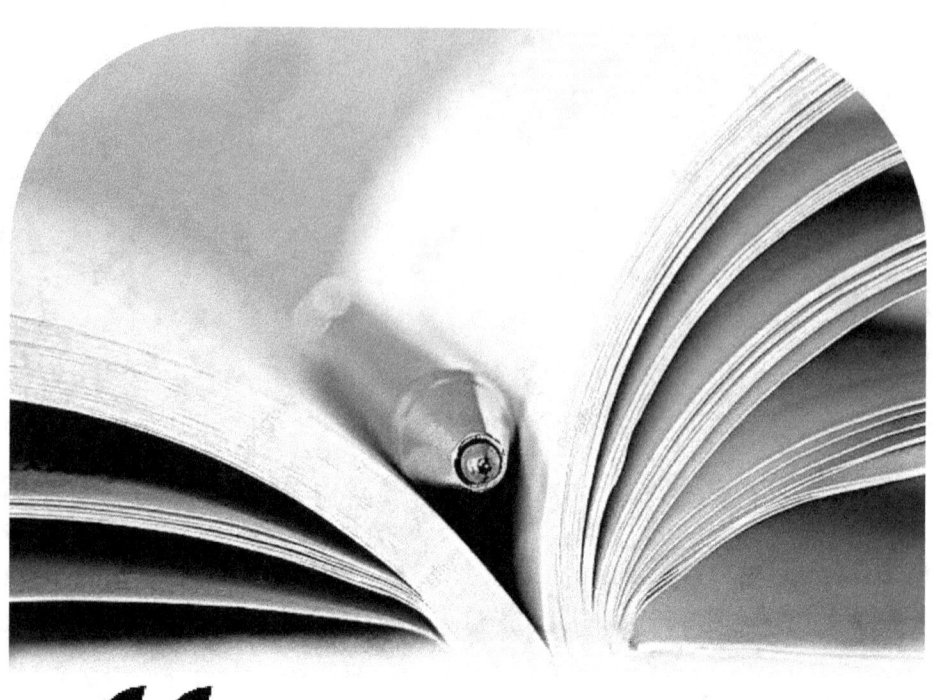

„

Quel prix es-tu prêt à payer pour que l'Éternel t'utilise puissamment dans son œuvre ?

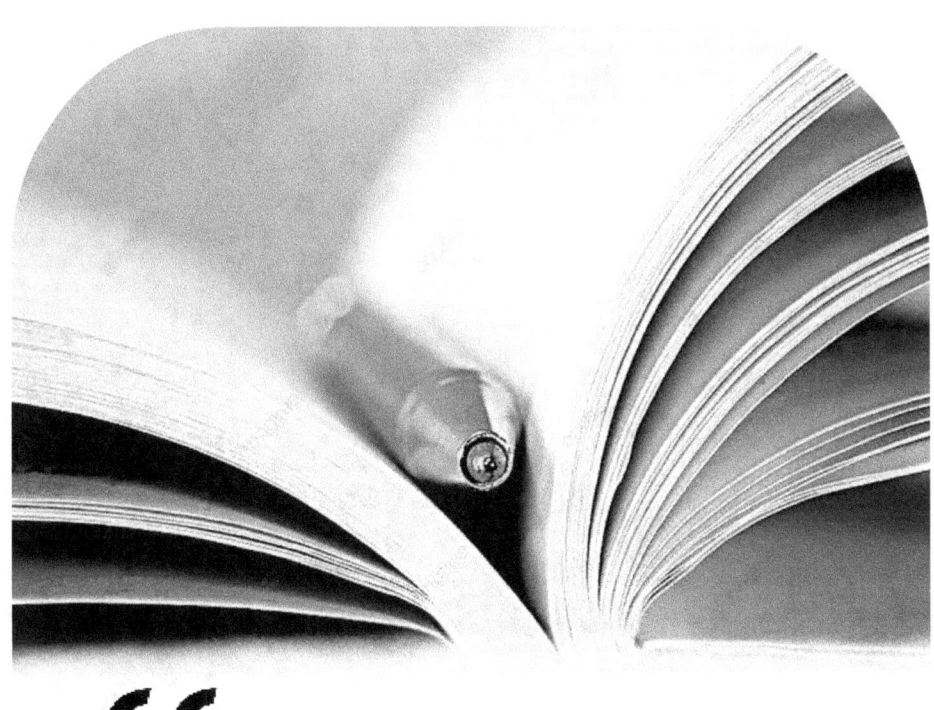

"

Lorsque vous venez dans la présence de Dieu, attendez-vous à recevoir quelque chose de sa part et préparez-vous en conséquence.

140
Le Saint-Esprit et ses œuvres
200 Pensées Inspirées

Chapitre VIII
LA BENEDICTION DE L'ETERNEL

Un homme fidèle est comblé de bénédictions, Mais celui qui a hâte de s'enrichir ne reste pas impuni.
Proverbes 28.20

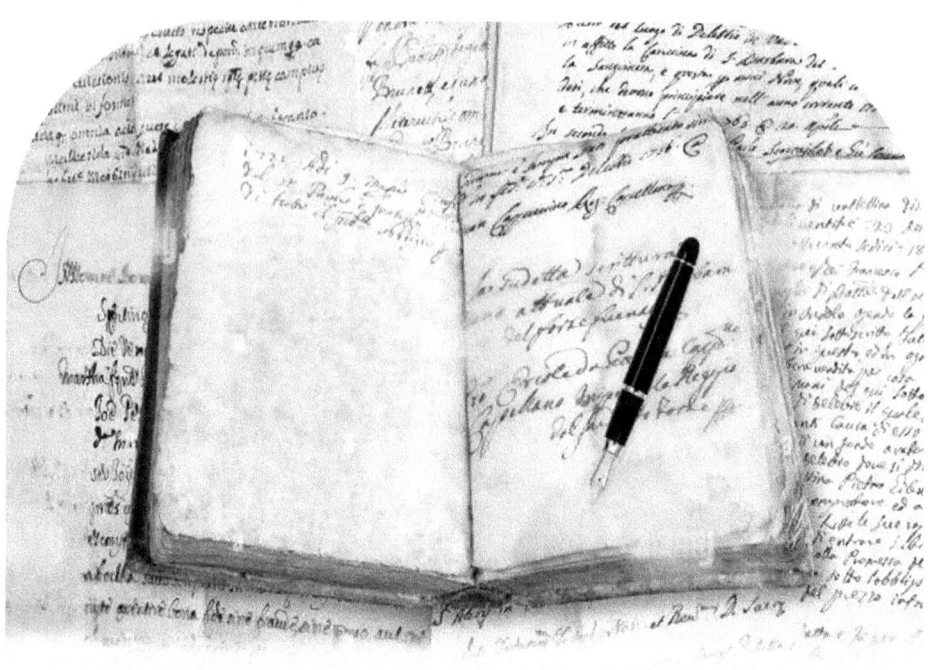

"

Recherchez constamment la bénédiction de Dieu, tel, il renouvelle ses bontés, tel, il renouvelle ses bénédictions.

141
La bénédiction de l'éternel
200 Pensées Inspirées

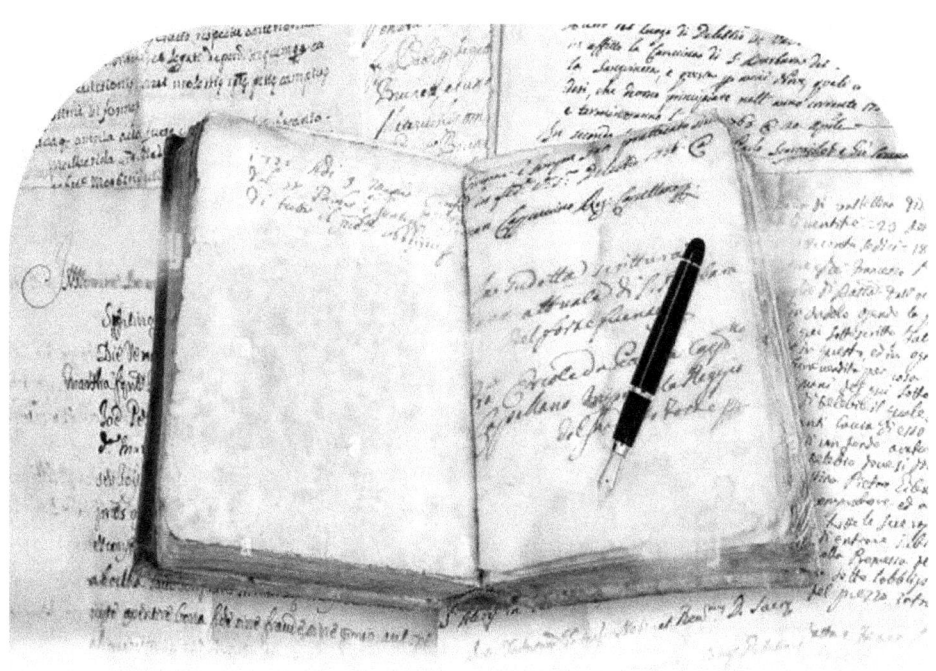

"

La véritable bénédiction ne peut provenir que de l'âme et non de la bouche puisque c'est l'âme le siège des sentiments.

142
La bénédiction de l'éternel
200 Pensées Inspirées

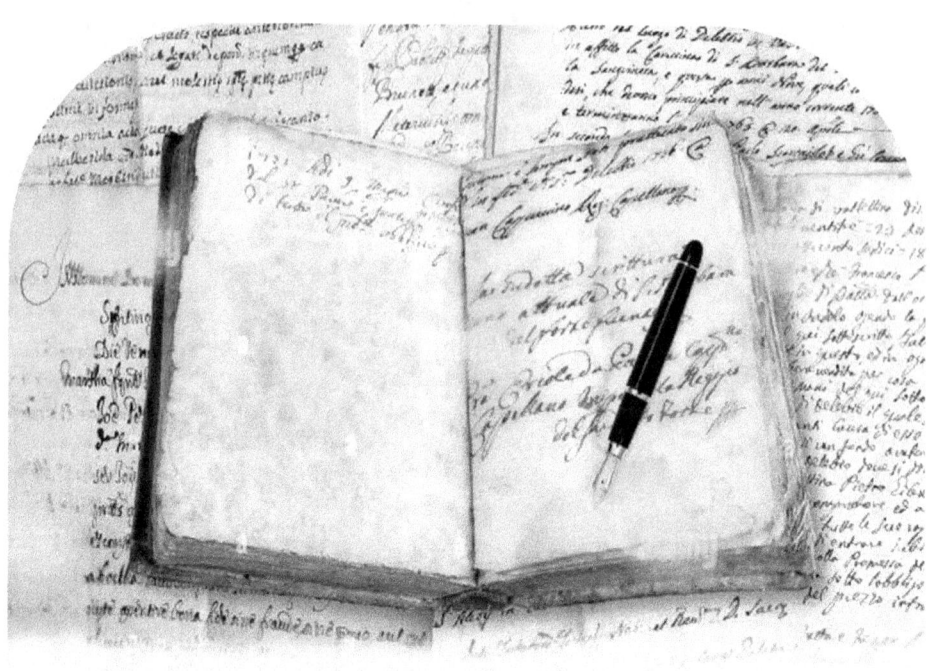

"

La joie d'un père est de bénir ses fils et les voir faire ce que lui n'a pas fait ni réalisé.

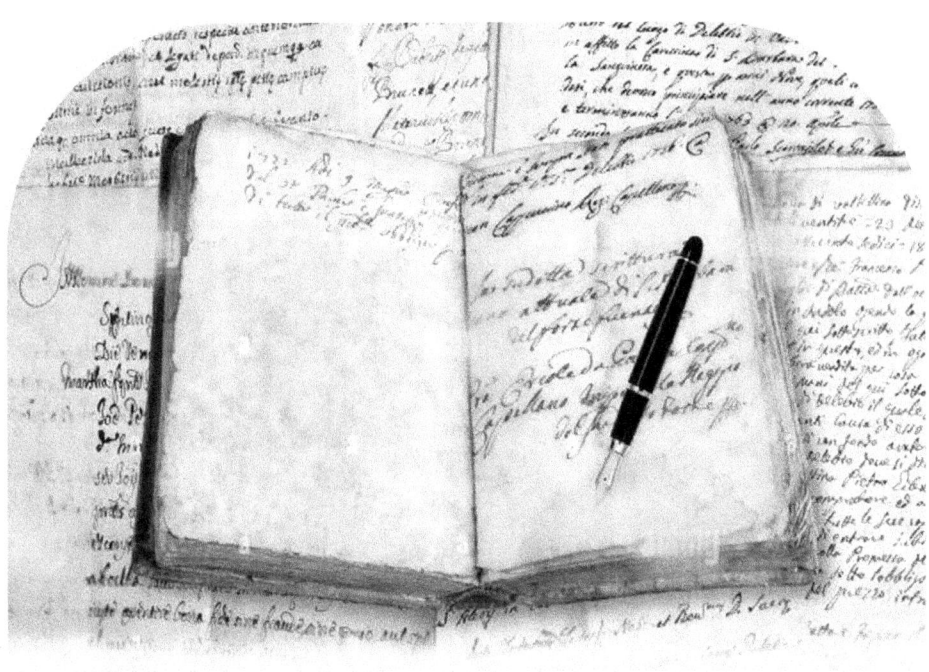

"

La bénédiction de l'Éternel est plus grande que la richesse et elle est la source d'une vraie richesse.

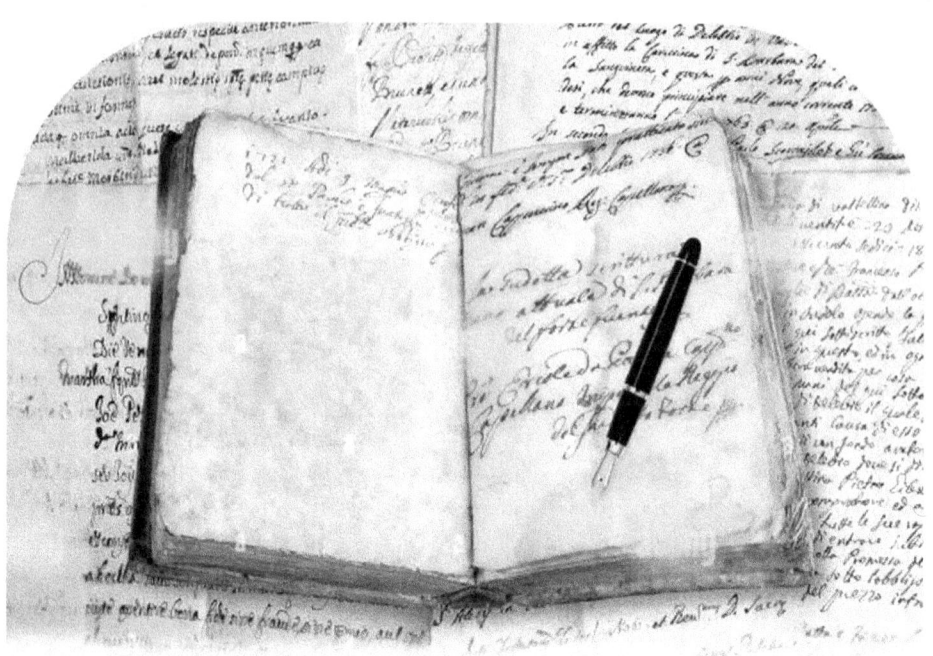

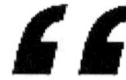

Dieu nous bénit en fonction de la bénédiction que nous sommes pour les autres ; plus tu bénis, plus tu es béni.

145
La bénédiction de l'éternel
200 Pensées Inspirées

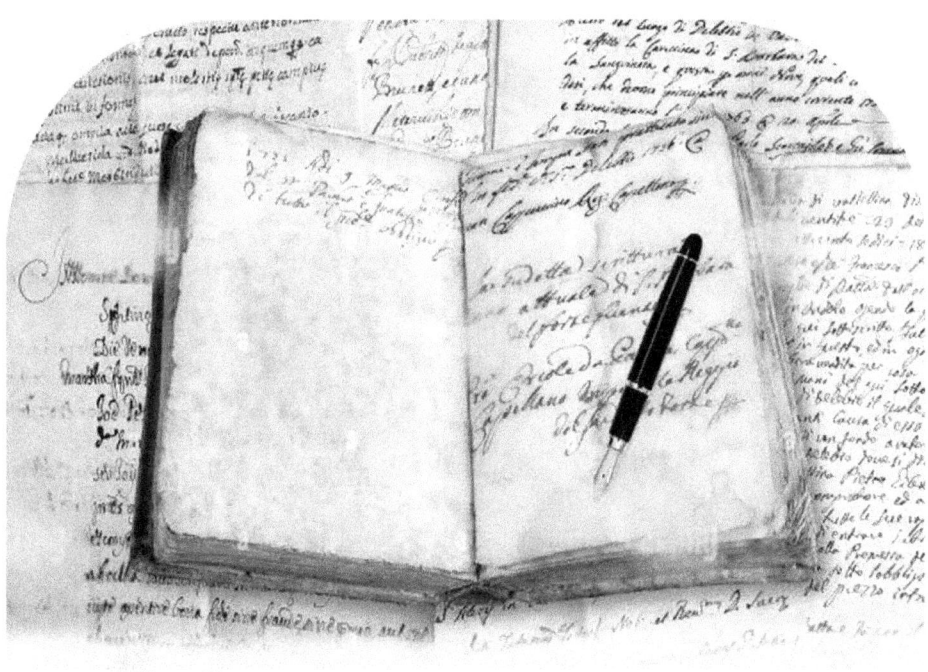

"
On ne ramasse pas les bénédictions, on les arrache par les actes d'amour et de foi.

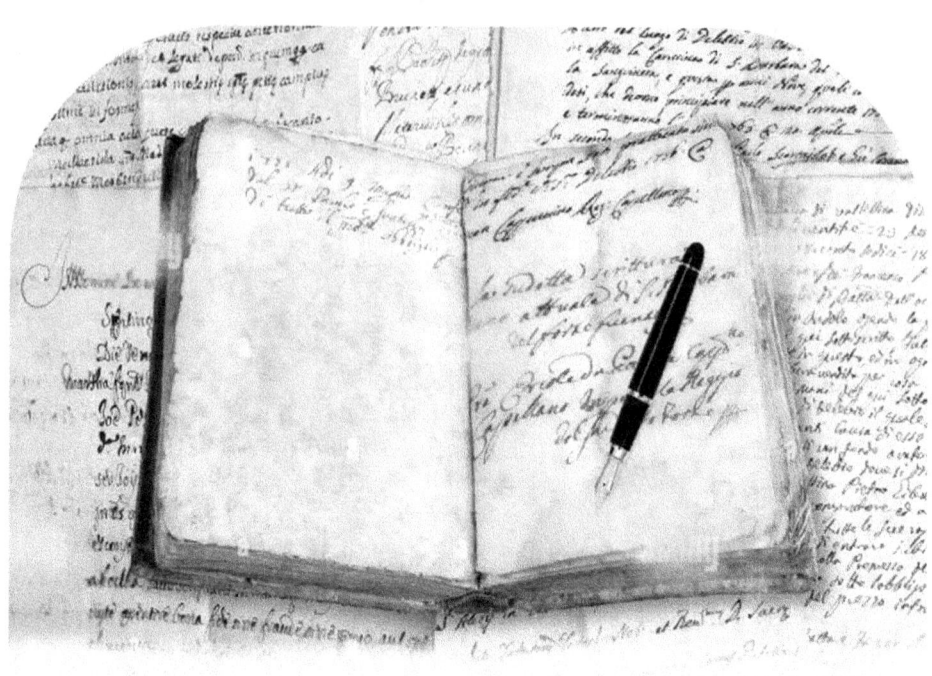

"

La bénédiction te donne d'aller plus vite là où tout le monde marche à petit pas.

147

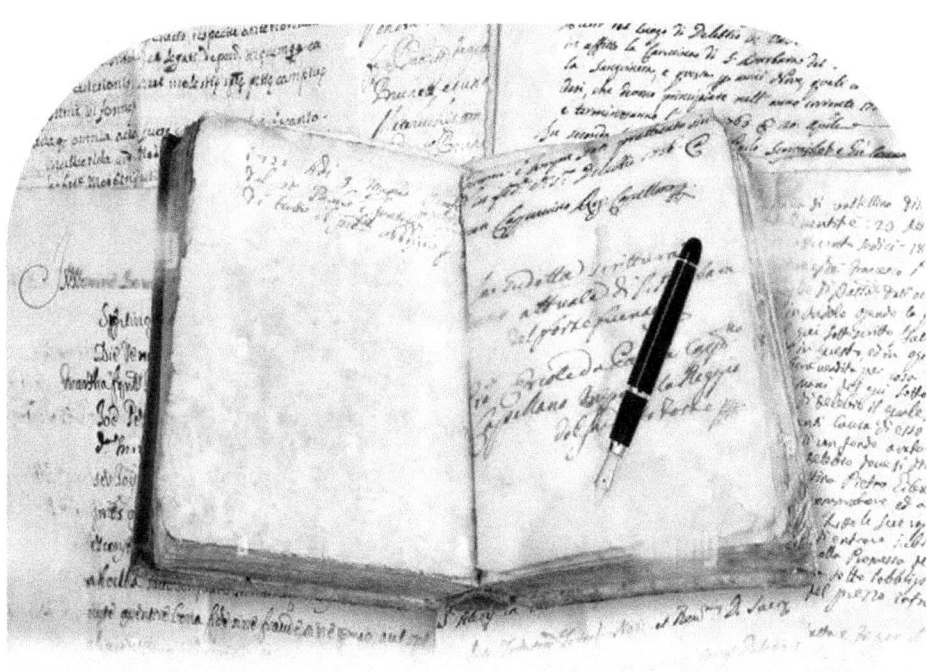

"

Chaque nouvelle dimension de la bénédiction vient après une ancienne préparation.

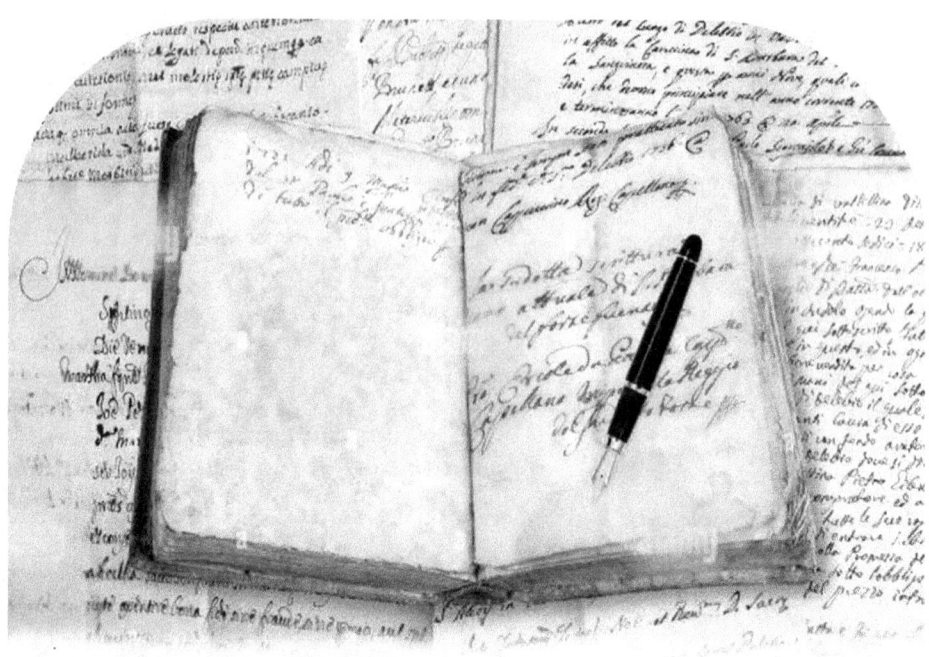

> Redonner au Seigneur ce que tu as reçu de Lui est une forme sage et mâture de recevoir plus de Lui.

149
La bénédiction de l'éternel
200 Pensées Inspirées

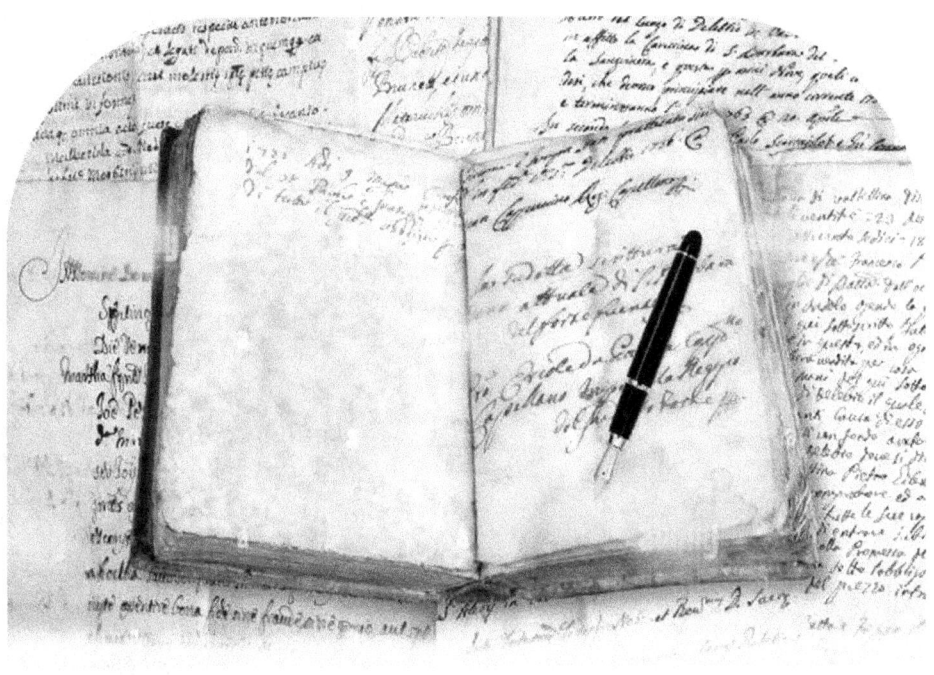

"
Plus tu privatises la grâce, moins Dieu te la redonne.

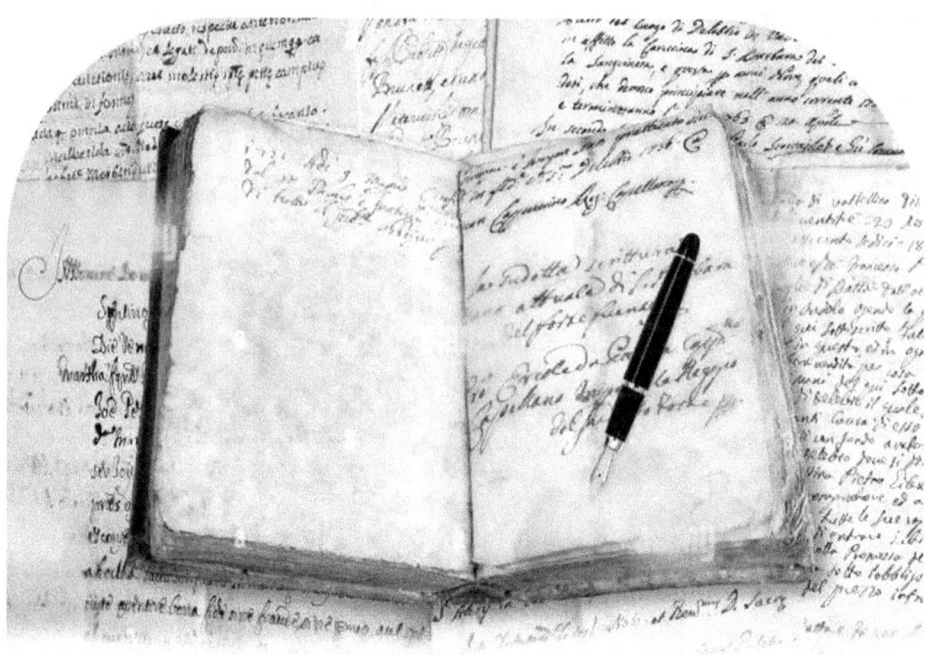

"

La bouche des hommes oints est une porte par laquelle Dieu communique le bonheur aux hommes.

151
La bénédiction de l'éternel
200 Pensées Inspirées

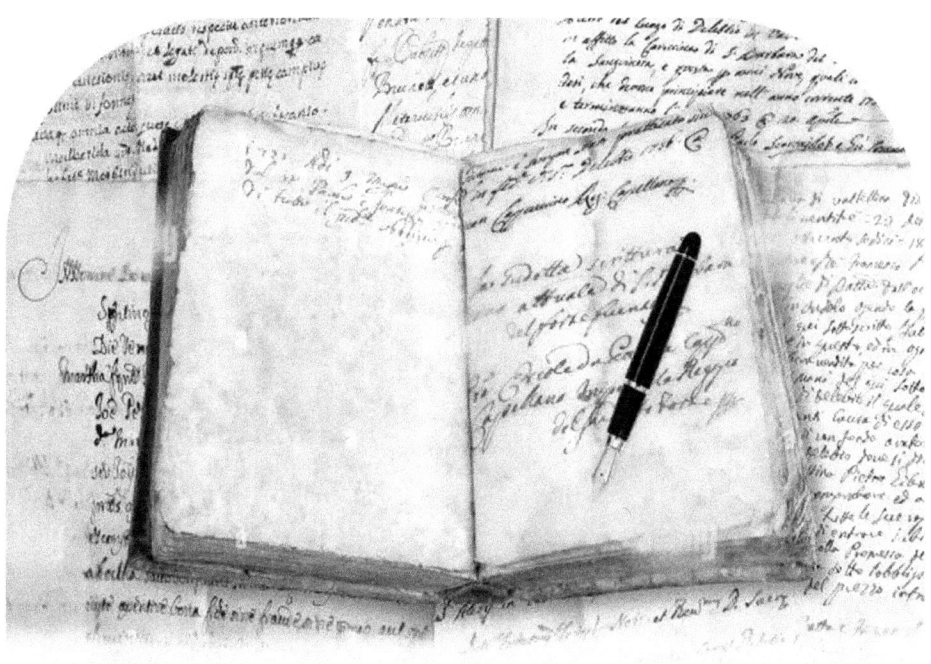

> Nourrissez votre Isaac, faites la joie de Dieu, il bénira votre vie.

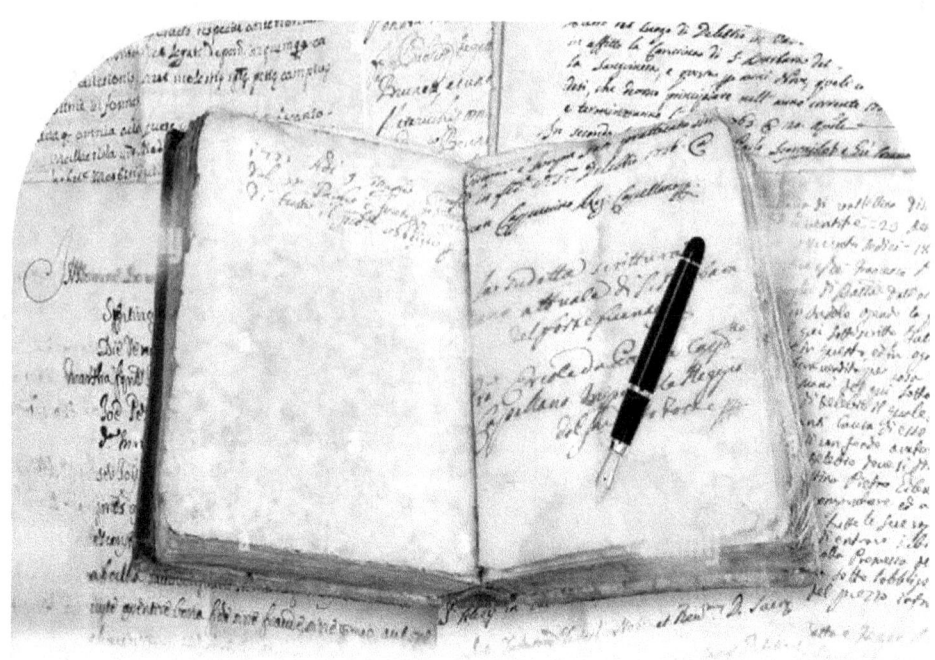

"
Ne sers pas l'Éternel pour avoir de l'argent mais pour avoir son cœur.

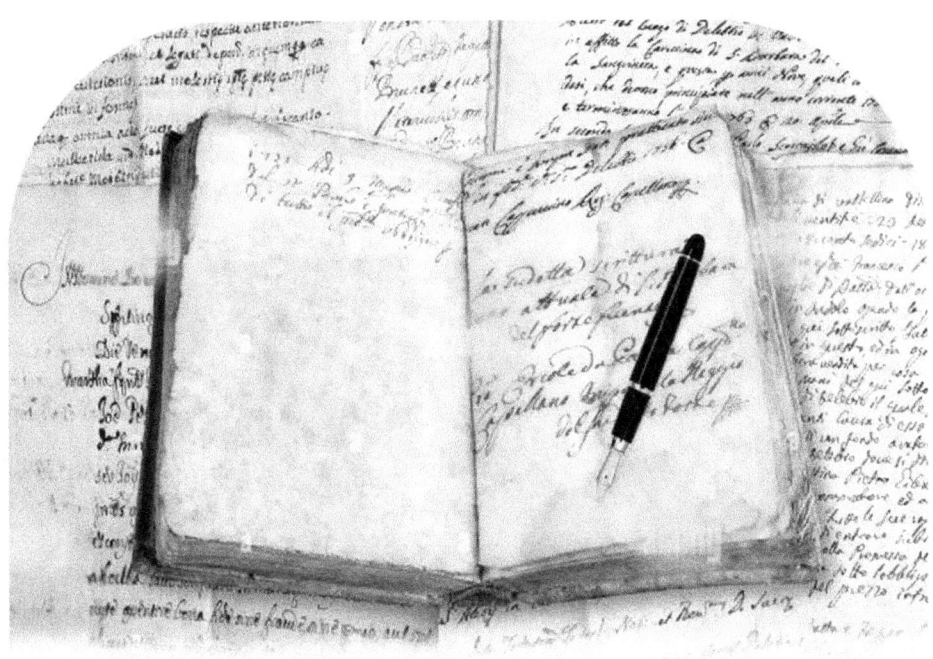

"

Que les besoins secondaires ne t'amènent pas à des dépenses exagérées.

154
La bénédiction de l'éternel
200 Pensées Inspirées

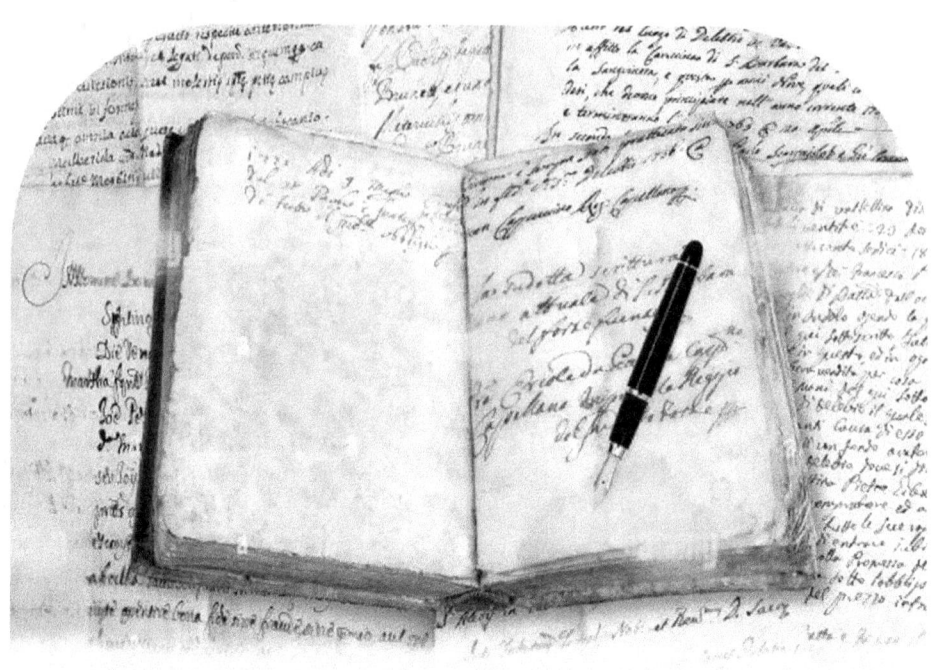

"
C'est une immaturité spirituelle d'être nourri dans un endroit et payer la dîme ailleurs.

"

Que tes échecs soient des motivations pour te permettre d'aller de l'avant.

156
La bénédiction de l'éternel
200 Pensées Inspirées

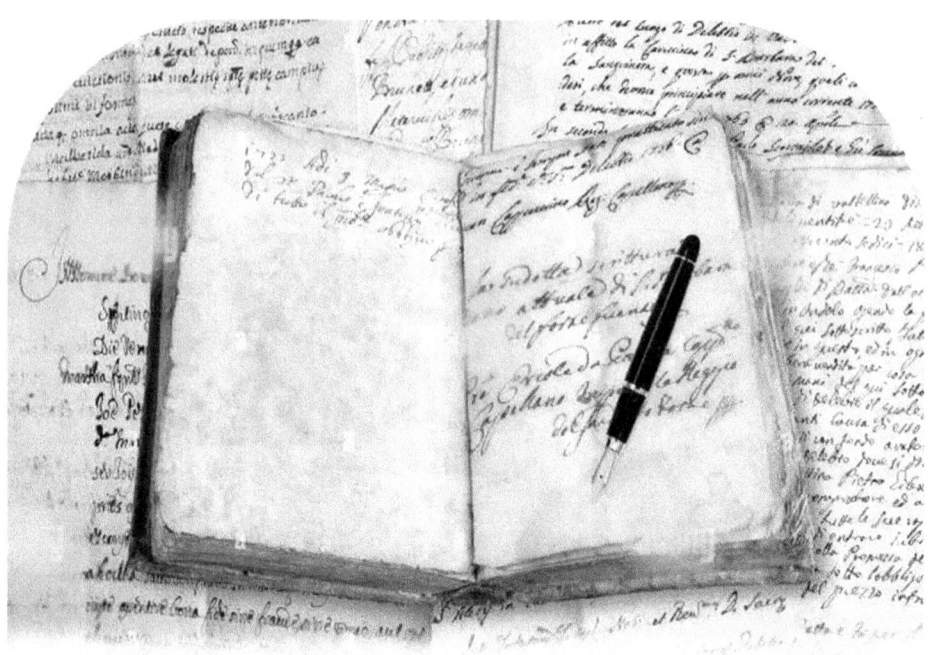

"

Ceux qui servent Dieu avec crainte et intégrité sont un jugement pour ceux qui ne le font pas.

157
La bénédiction de l'éternel
200 Pensées Inspirées

Chapitre IX
LE SACRIFICE, LA CONSECRATION ET LA SANCTIFICATION

Recherchez la paix avec tous, et la sanctification, sans laquelle personne ne verra le Seigneur.
Hébreux 12.14

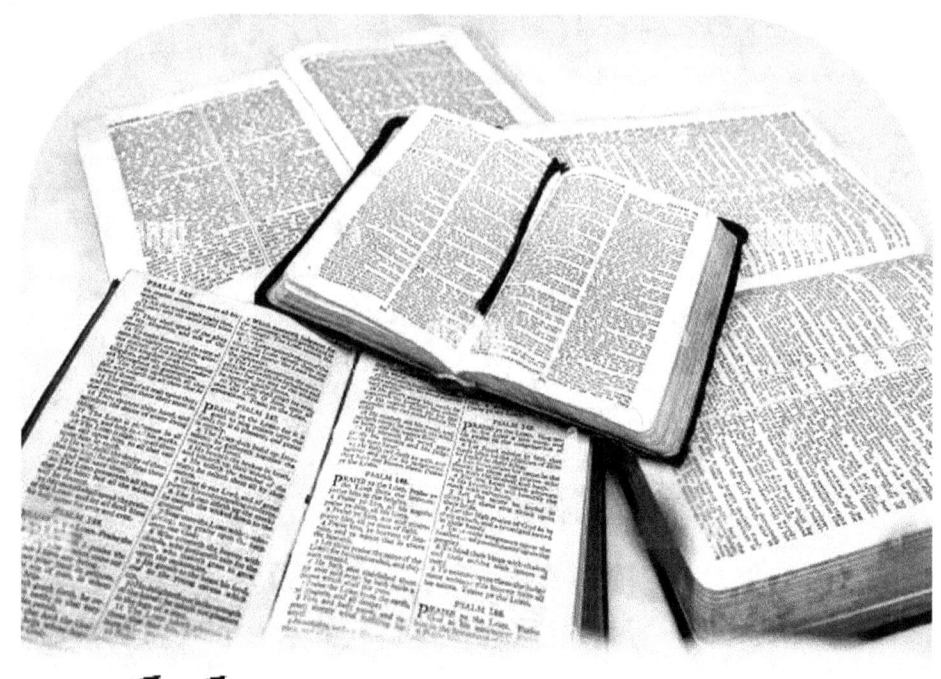

"

Le fait d'avoir été choisi par le Seigneur, mis à part pour sa gloire est une grâce, la consécration devrait être la réponse à cette grâce.

158
Le sacrifice, la consécration et la sanctification
200 Pensées Inspirées

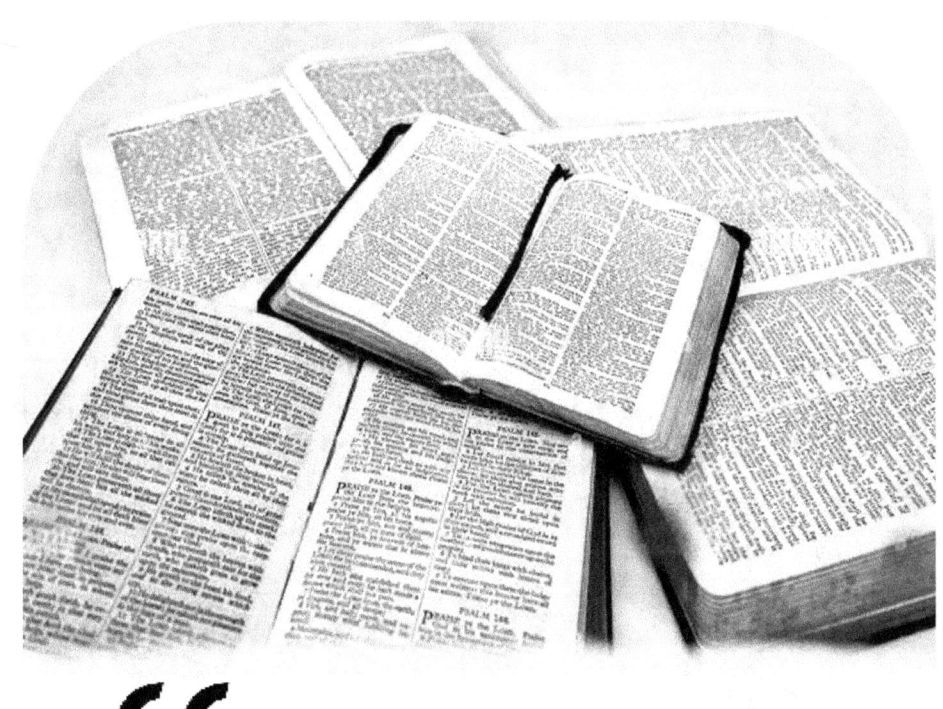

"
Il y a la main du diable derrière plusieurs tentations qui t'arrivent.

159
Le sacrifice, la consécration et la sanctification
200 Pensées Inspirées

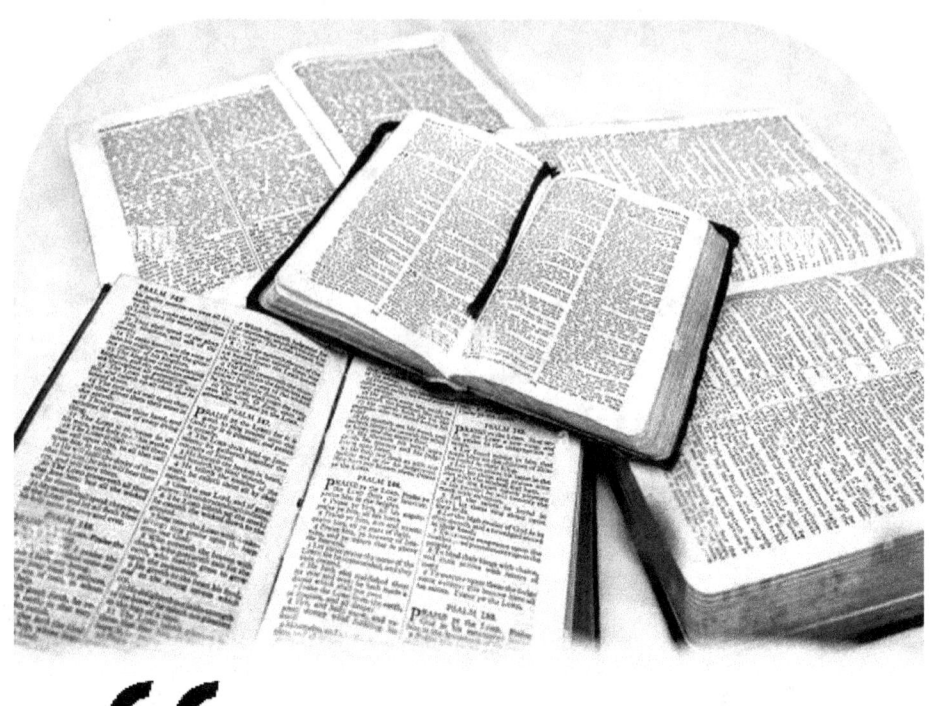

> Tu es la lumière sensée illuminer les ténèbres, ne te laisses pas vaincre par le mal.

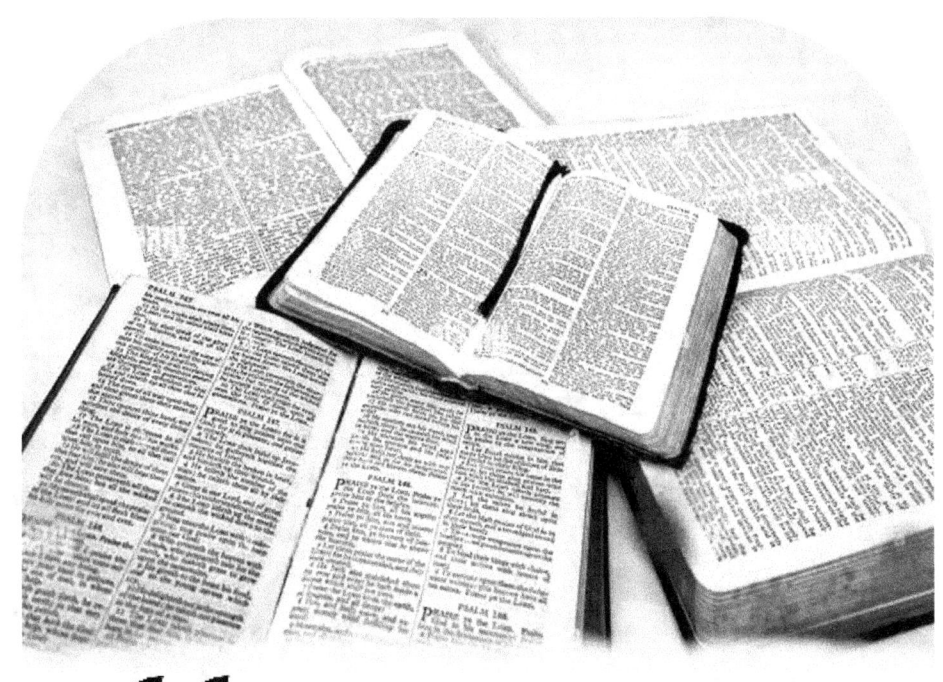

"
La nation se construit grâce à des hommes justes. Recherchez à ressembler à Christ en tout.

161
Le sacrifice, la consécration et la sanctification
200 Pensées Inspirées

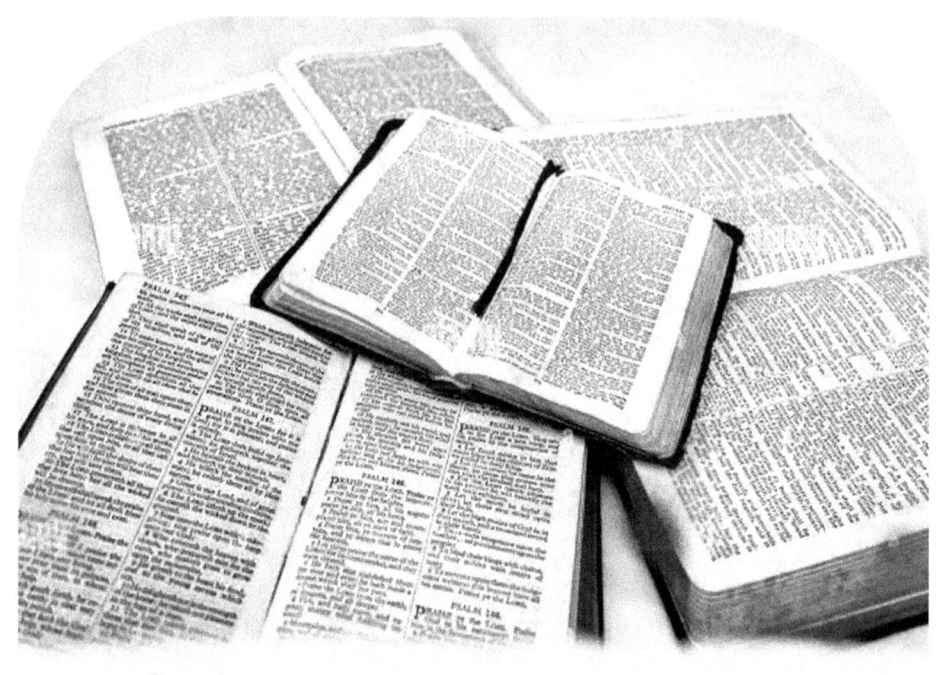

" Homme de Dieu, si tu n'as pas vaincu le monde en toi, comment vaincras-tu le monde dans les autres ?

162
Le sacrifice, la consécration et la sanctification

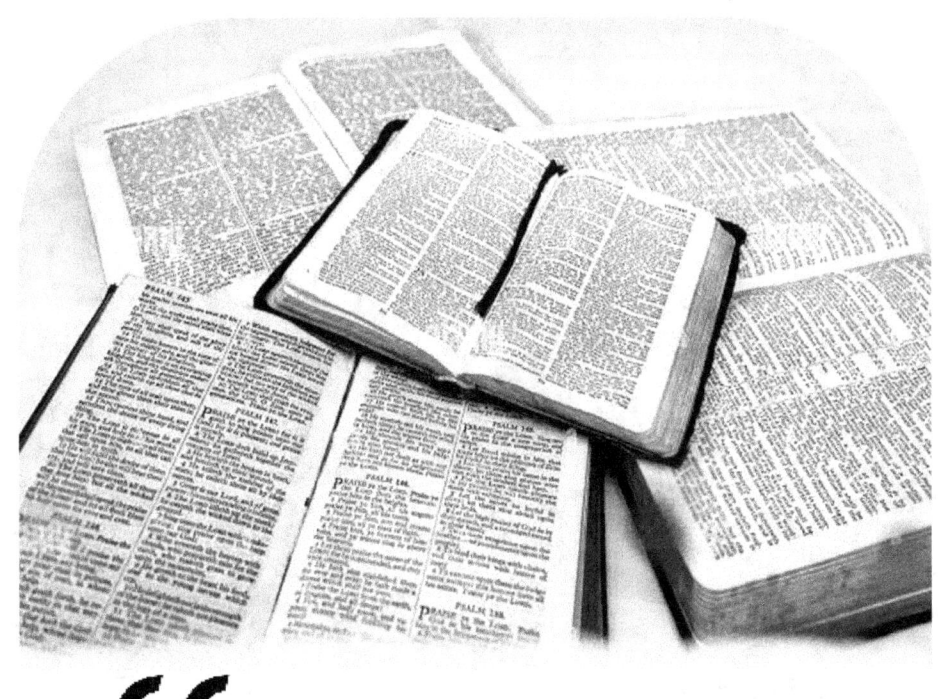

“

Moins tu te livres au Seigneur, moins il travaille au travers de toi.

163
Le sacrifice, la consécration et la sanctification
200 Pensées Inspirées

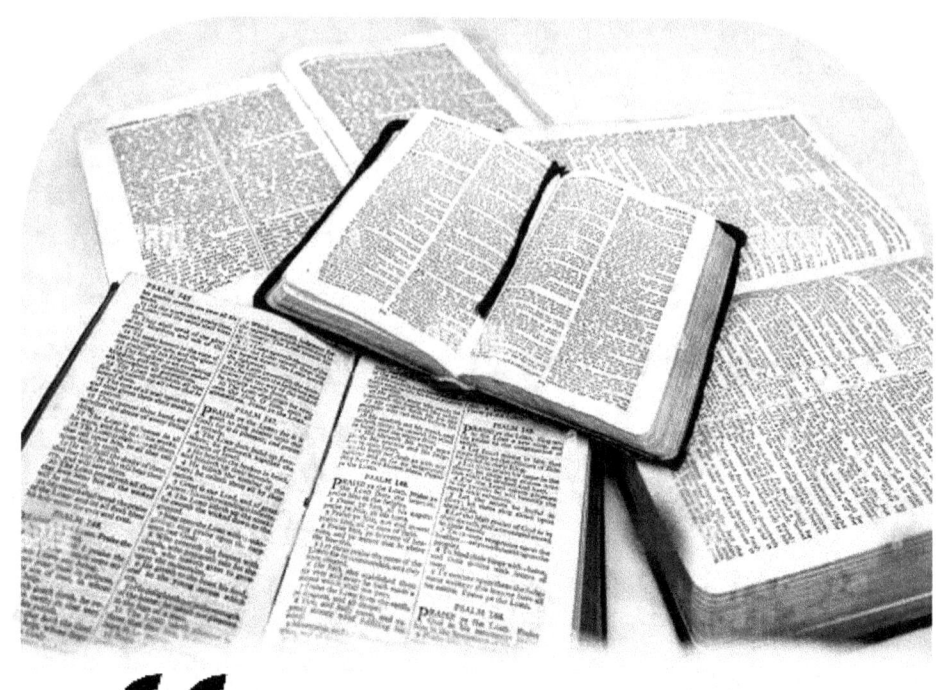

"

La véritable consécration c'est accepter le sacrifice suprême pour Christ. Es-tu prêt à souffrir jusqu'au sang pour Jésus-Christ ?

164

Le sacrifice, la consécration et la sanctification
200 Pensées Inspirées

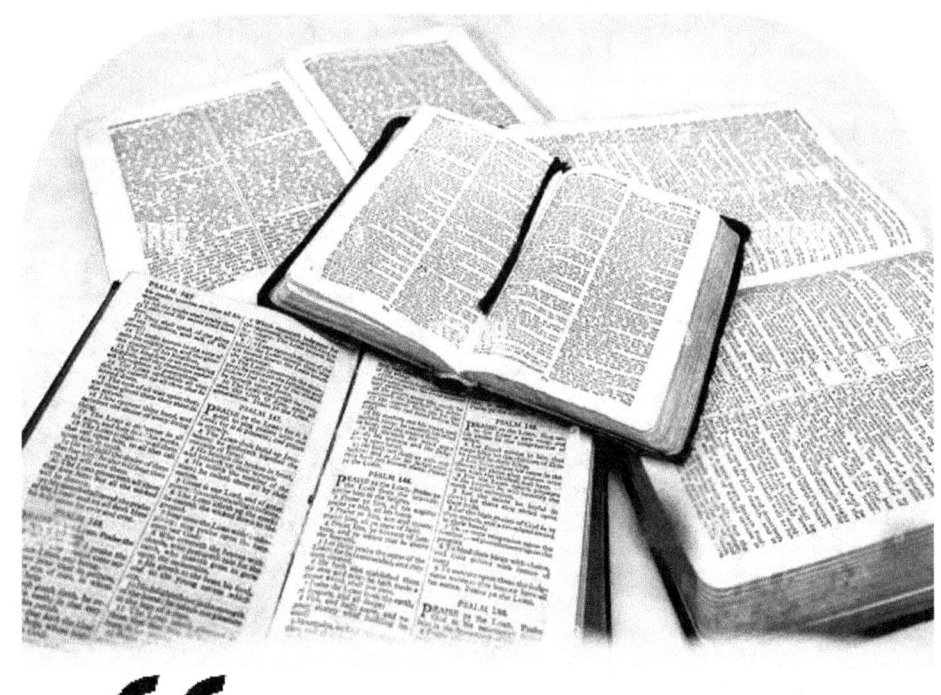

> Celui qui se sanctifie, reçoit l'autorité de Dieu sur toute la création.

165
Le sacrifice, la consécration et la sanctification
200 Pensées Inspirées

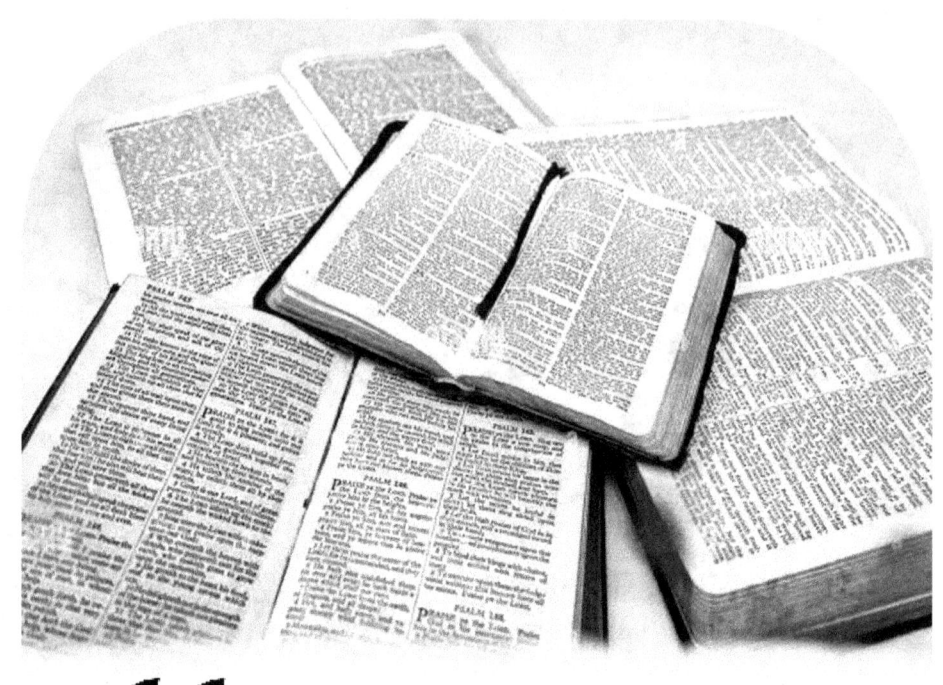

"

Plus un homme se sanctifie, plus sa consécration lui permet de mieux servir l'Éternel.

166
Le sacrifice, la consécration et la sanctification
200 Pensées Inspirées

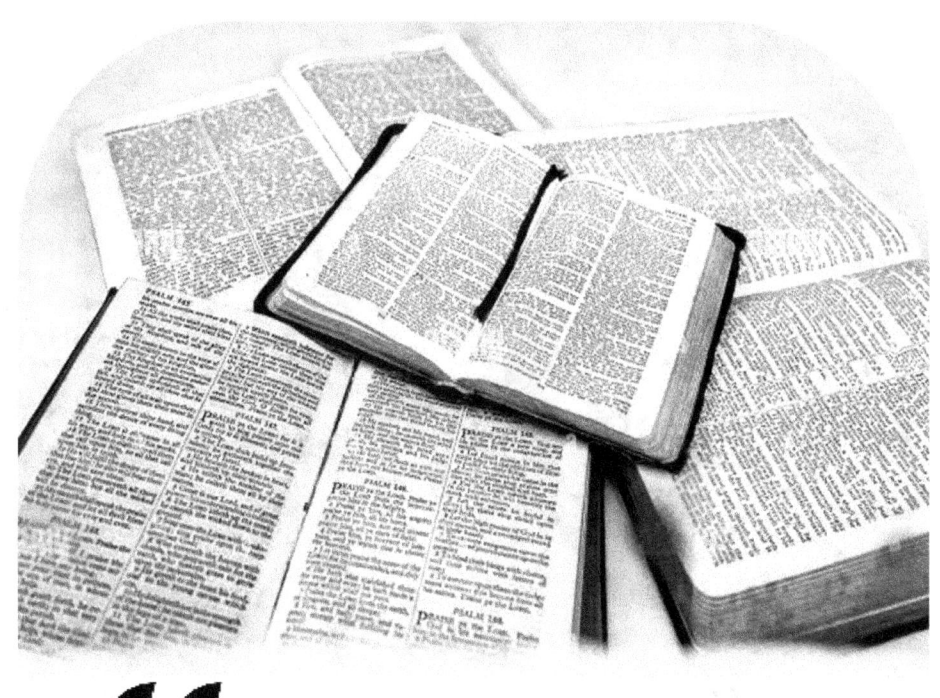

"
Saches que dans le royaume de Dieu, le caractère est plus important que l'appel.

167
Le sacrifice, la consécration et la sanctification
200 Pensées Inspirées

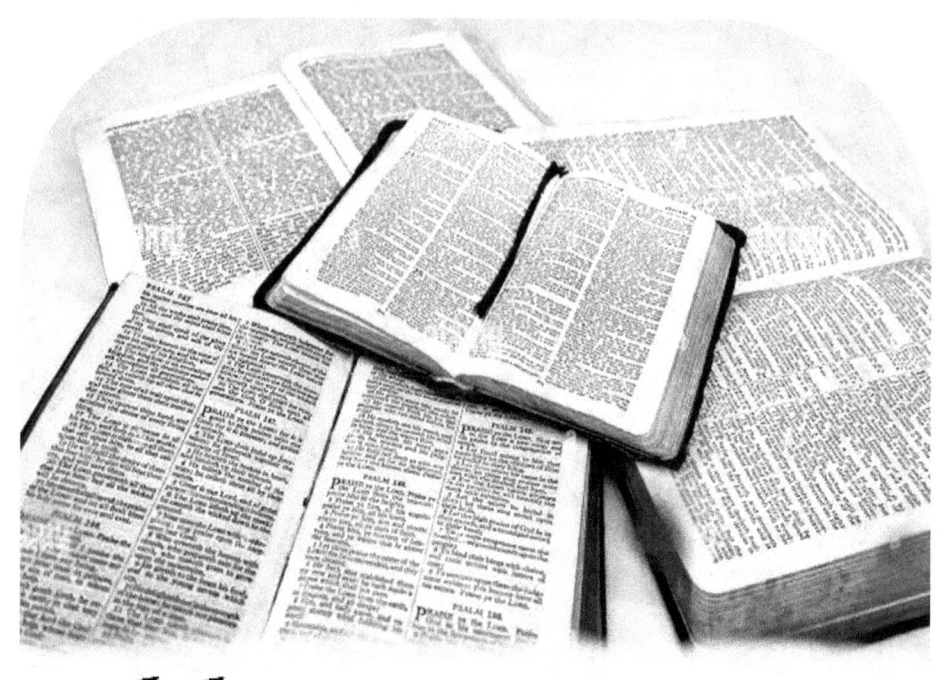

"

Un reproche venant d'un(e) frère (sœur) est une façon pour lui (elle) de participer à votre perfectionnement.

168
Le sacrifice, la consécration et la sanctification
200 Pensées Inspirées

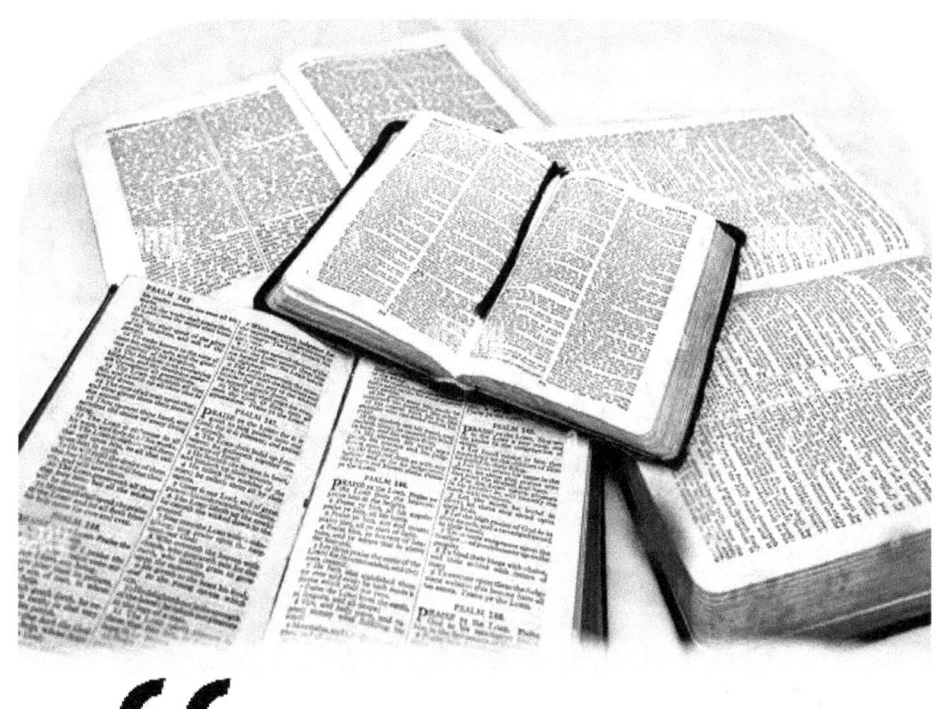

"
Supporter l'autre c'est faire de ses défauts tes sujets de prière.

169
Le sacrifice, la consécration et la sanctification
200 Pensées Inspirées

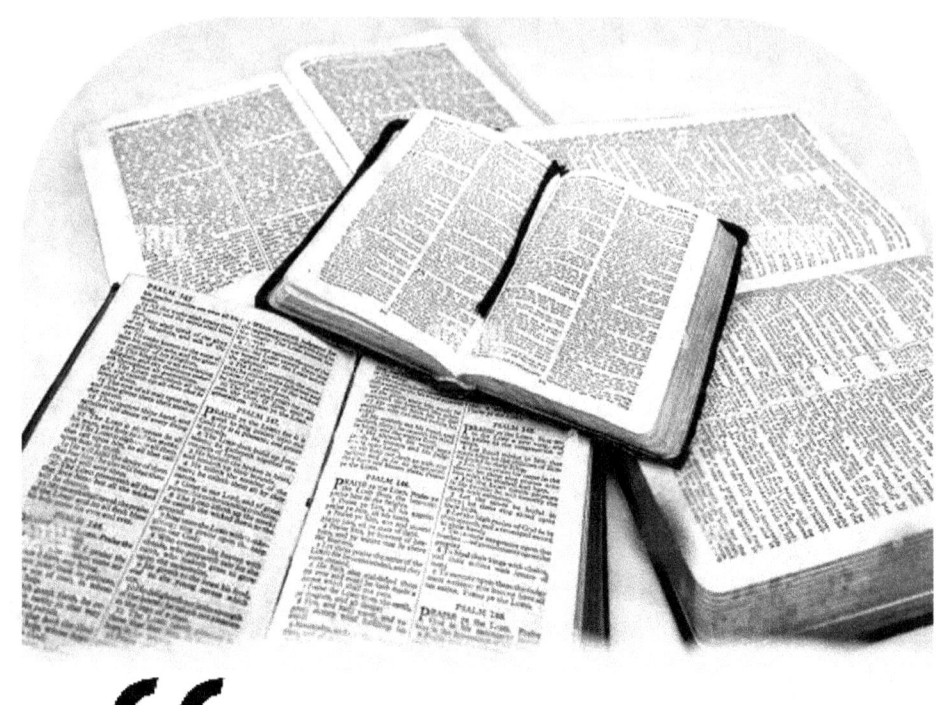

> La sanctification n'est possible que par Dieu lui-même qui nous donne d'être saint.

170
Le sacrifice, la consécration et la sanctification
200 Pensées Inspirées

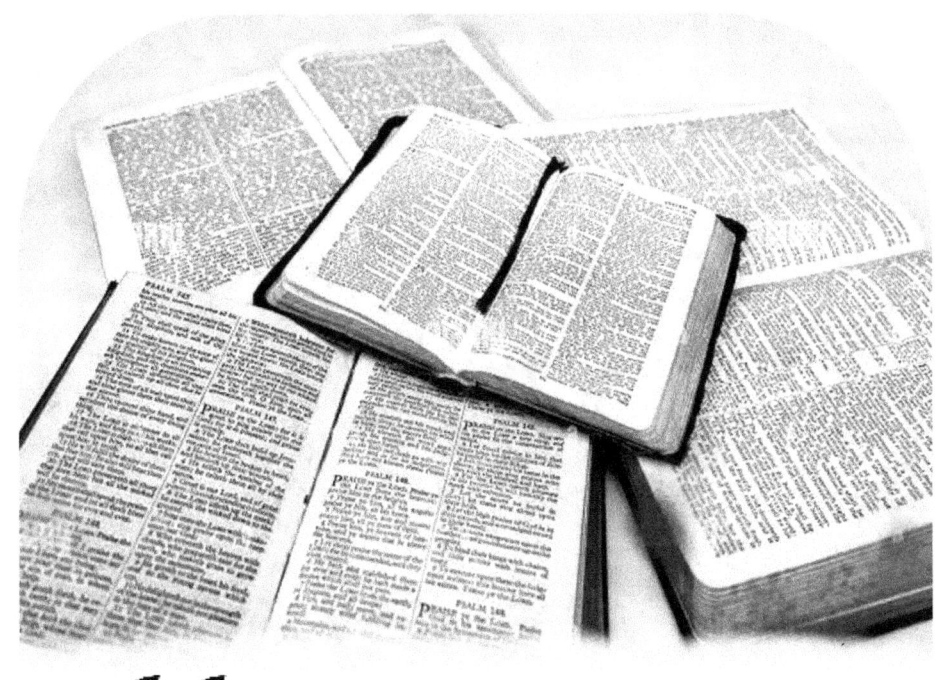

"
De même que la vie de la sanctification attire naturellement Dieu, le péché fait appel au diable.

171
Le sacrifice, la consécration et la sanctification
200 Pensées Inspirées

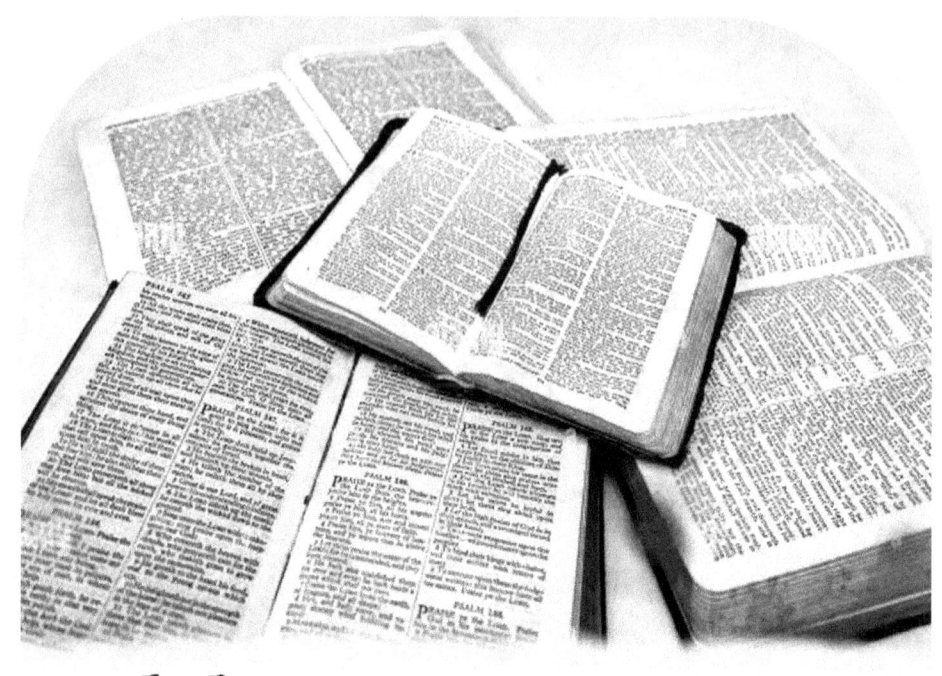

“

Certains miracles arrivent par la prière alors que d'autres arrivent juste par la sanctification.

172

Le sacrifice, la consécration et la sanctification
200 Pensées Inspirées

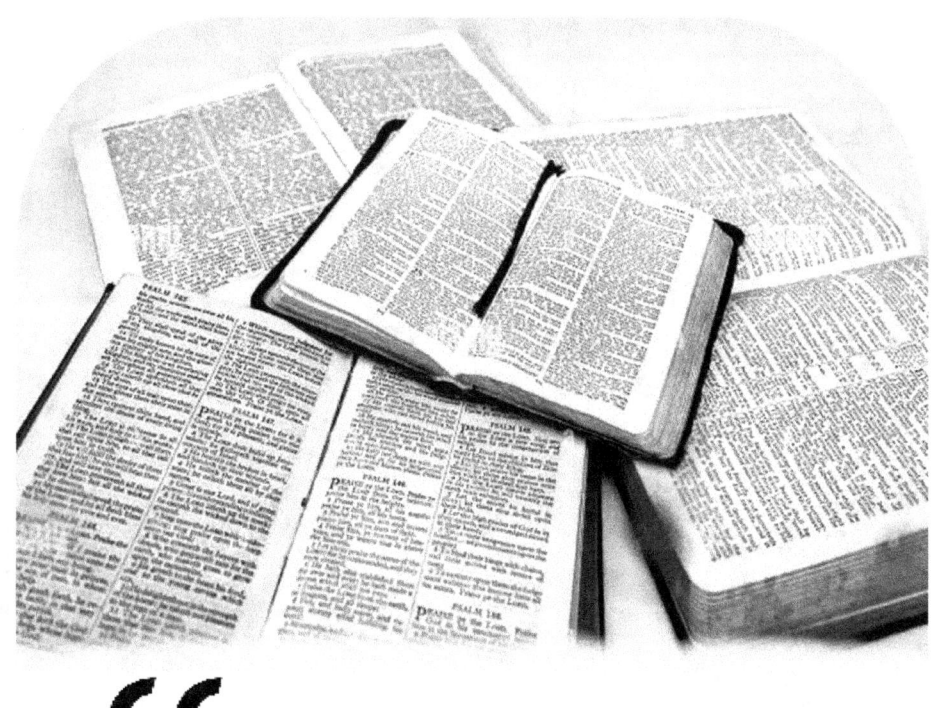

"

La sanctification précède toujours la manifestation de la main de Dieu dans une vie.

173
Le sacrifice, la consécration et la sanctification
200 Pensées Inspirées

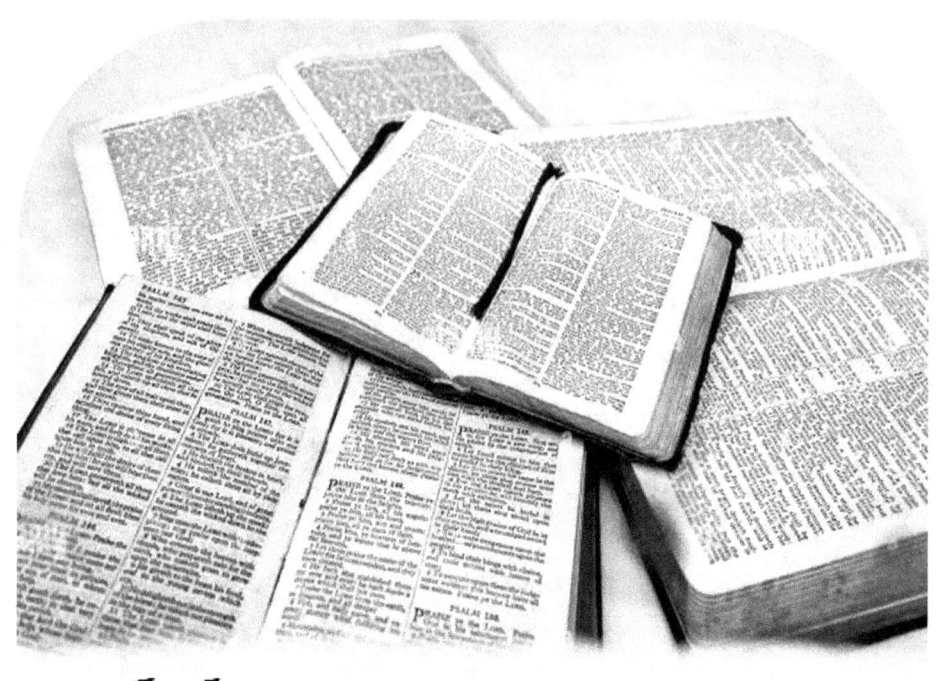

"

La vie sur terre est éphémère choisis bien où tu vivras ton éternité.

174
Le sacrifice, la consécration et la sanctification
200 Pensées Inspirées

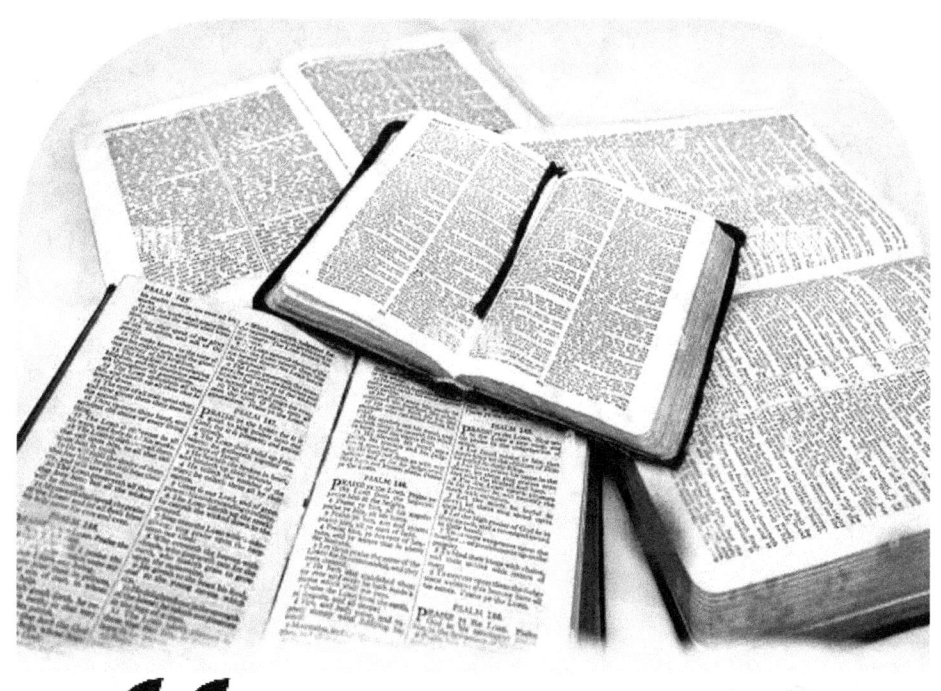

"

Ne te soucies pas pour ces difficultés que tu rencontres mais rend grâce à l'Éternel qui demeure à tes côtés.

175
Le sacrifice, la consécration et la sanctification
200 Pensées Inspirées

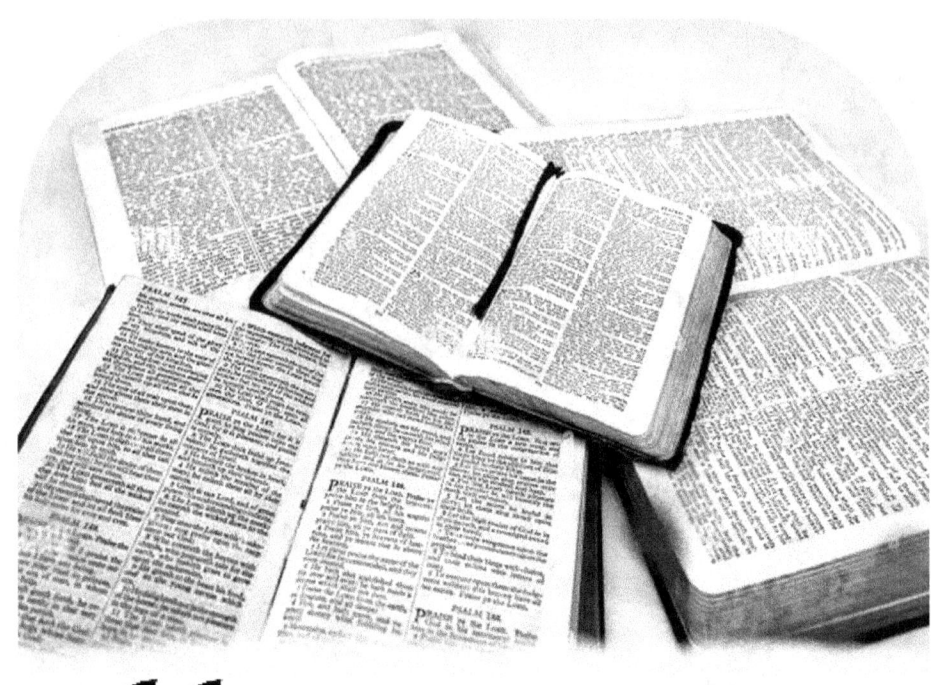

> La consécration à l'Éternel est un niveau de sanctification très élevé vers laquelle tout chrétien devrait aspirer.

176
Le sacrifice, la consécration et la sanctification
200 Pensées Inspirées

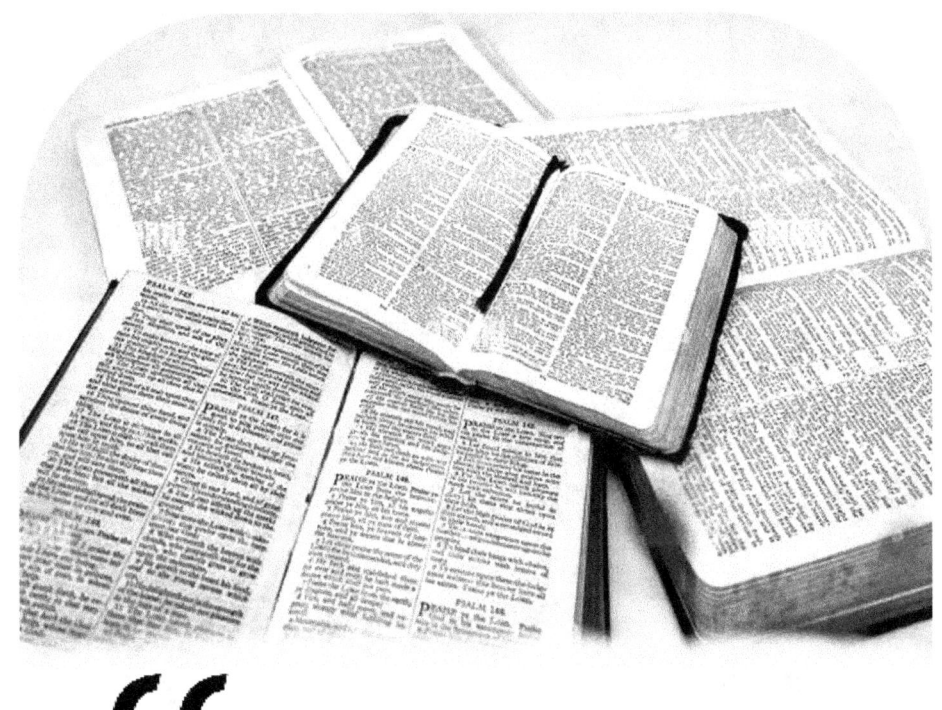

"

Ne limitez pas votre sanctification à la volonté juste, faites-en des actes.

177
Le sacrifice, la consécration et la sanctification
200 Pensées Inspirées

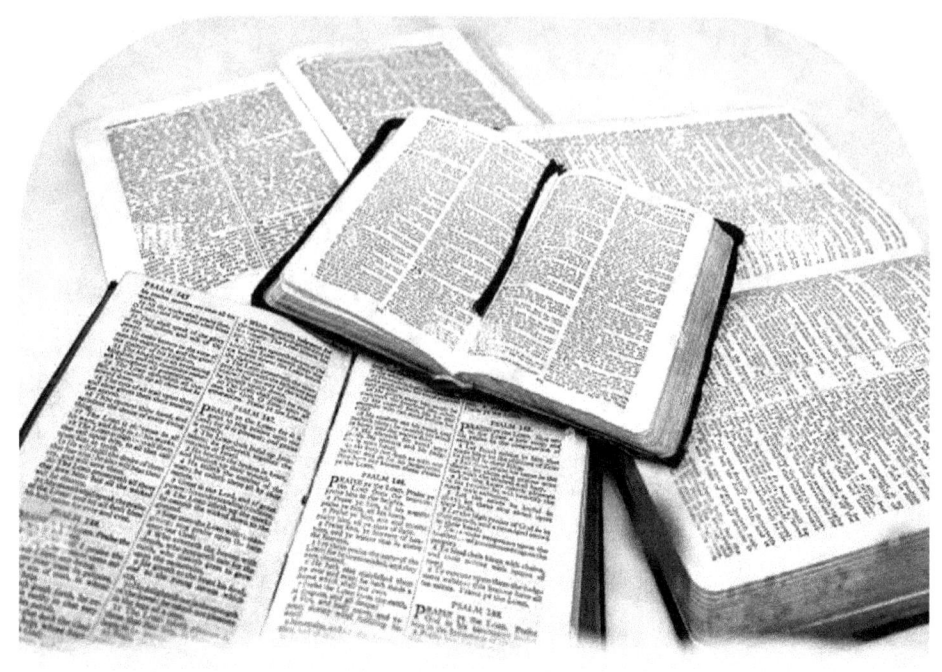

> Désirer les bonnes choses n'est pas mondain, ça revient juste à dire que tu connais les capacités de Dieu en qui tu crois.

178
Le sacrifice, la consécration et la sanctification
200 Pensées Inspirées

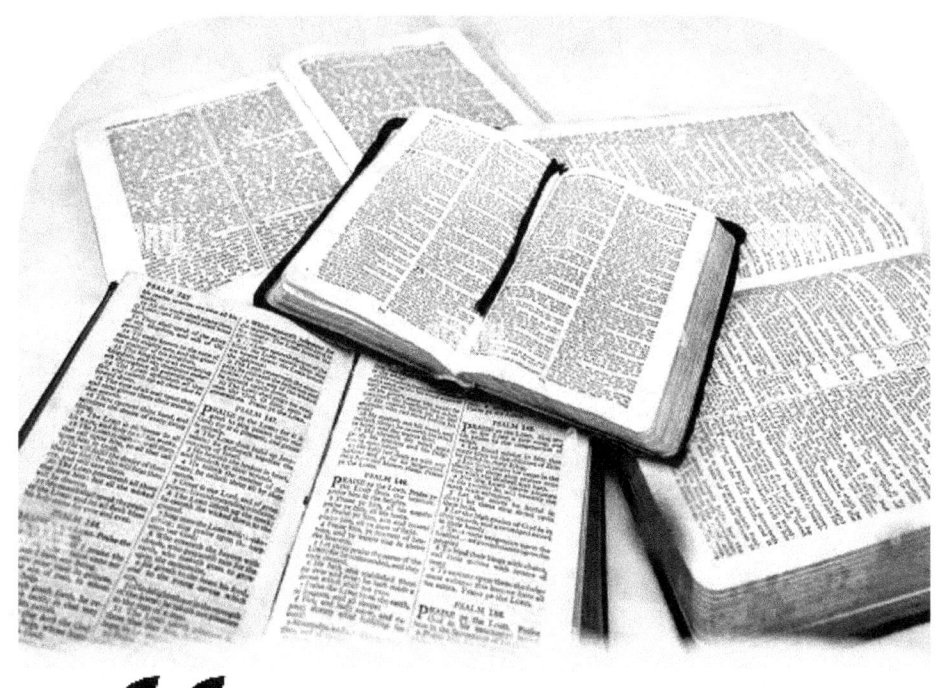

"
Travailles pour le Seigneur et non pour la richesse ni la gloire.

179
Le sacrifice, la consécration et la sanctification
200 Pensées Inspirées

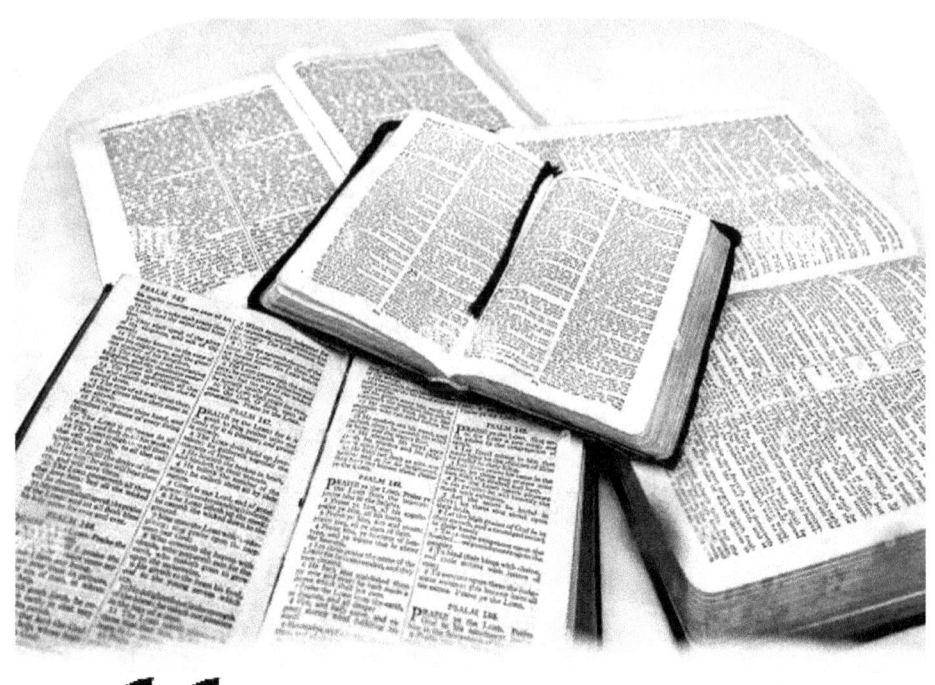

"
Une personne qui donne des raisons au lieu de servir perd sa couronne.

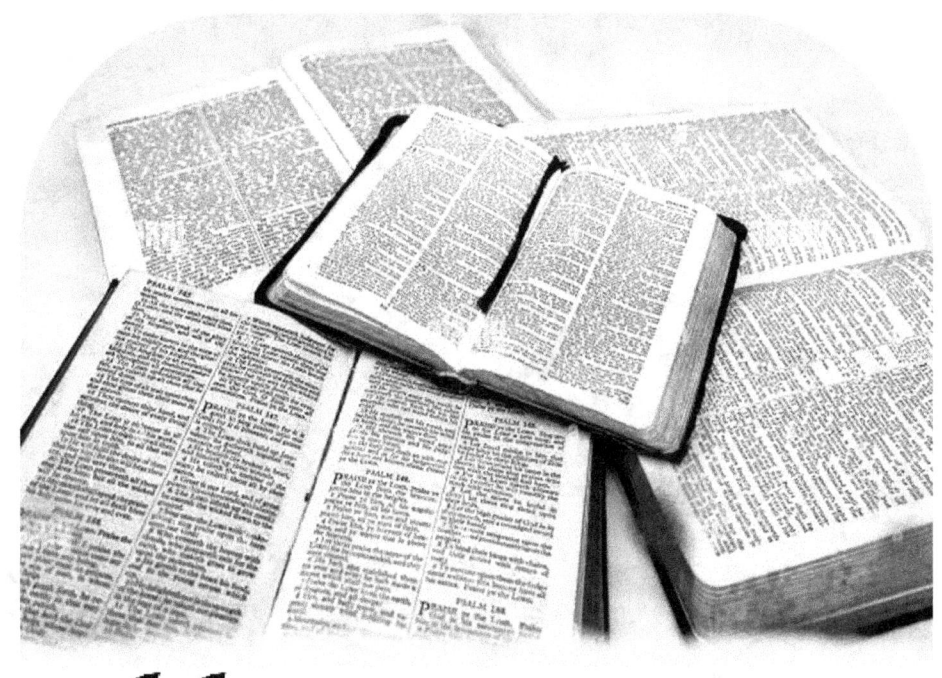

"

Sois toujours disponible pour ton père lorsqu'il a besoin de toi, c'est ainsi qu'on arrache la bénédiction.

181
Le sacrifice, la consécration et la sanctification
200 Pensées Inspirées

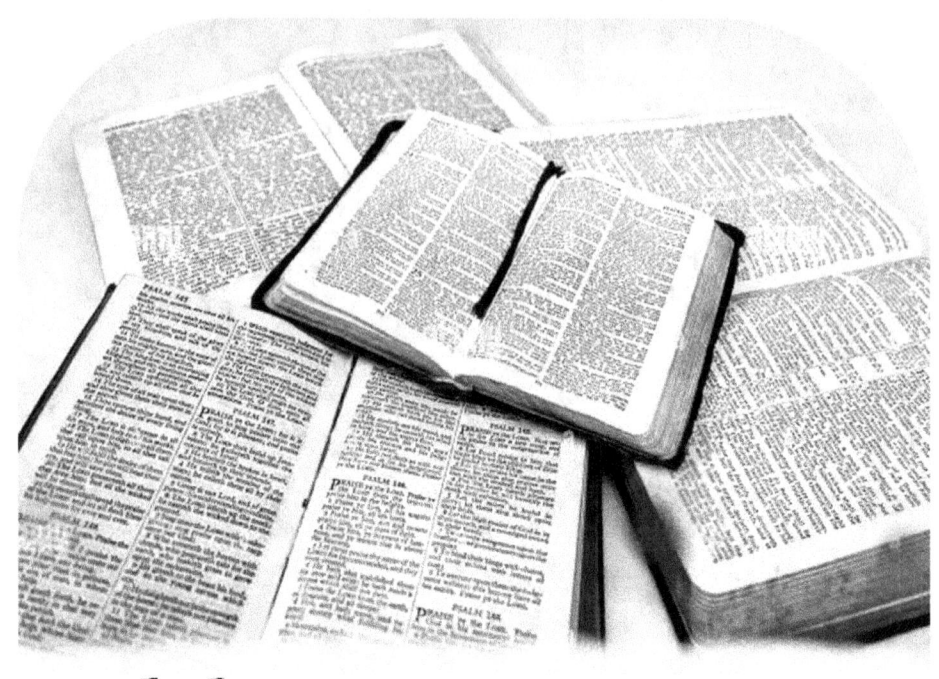

"
Regardes à ce que le Seigneur a dit sur ta vie et focalises toi dessus car ce qui attire toute ton attention se réalisera dans ta vie.

182
Le sacrifice, la consécration et la sanctification
200 Pensées Inspirées

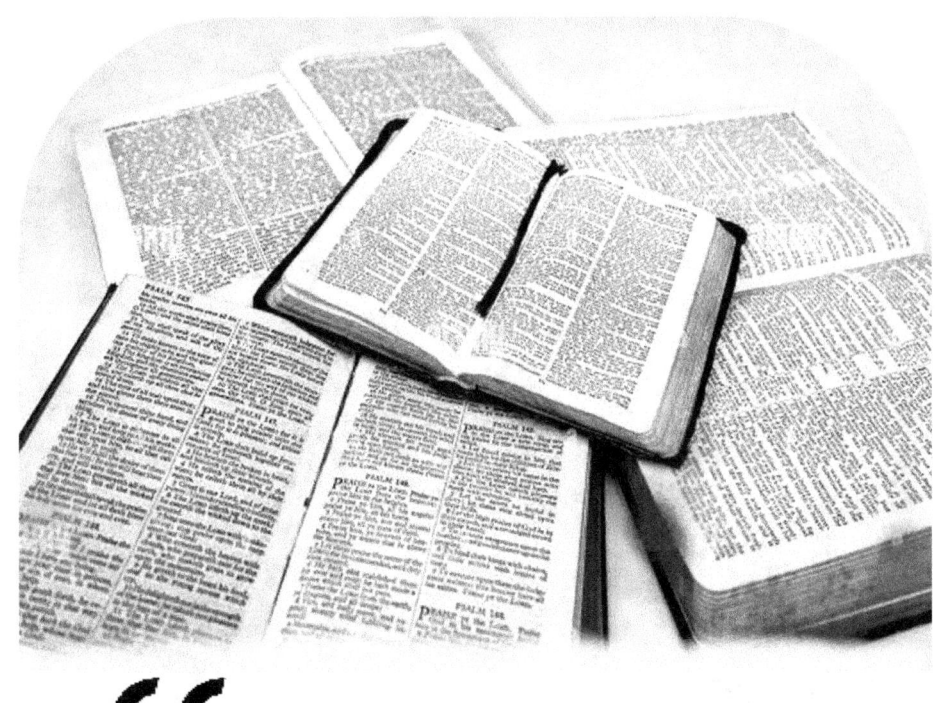

> L'échec arrive généralement lorsque la raison humaine vient prendre la place de notre foi en la parole de l'Éternel.

183
Le sacrifice, la consécration et la sanctification
200 Pensées Inspirées

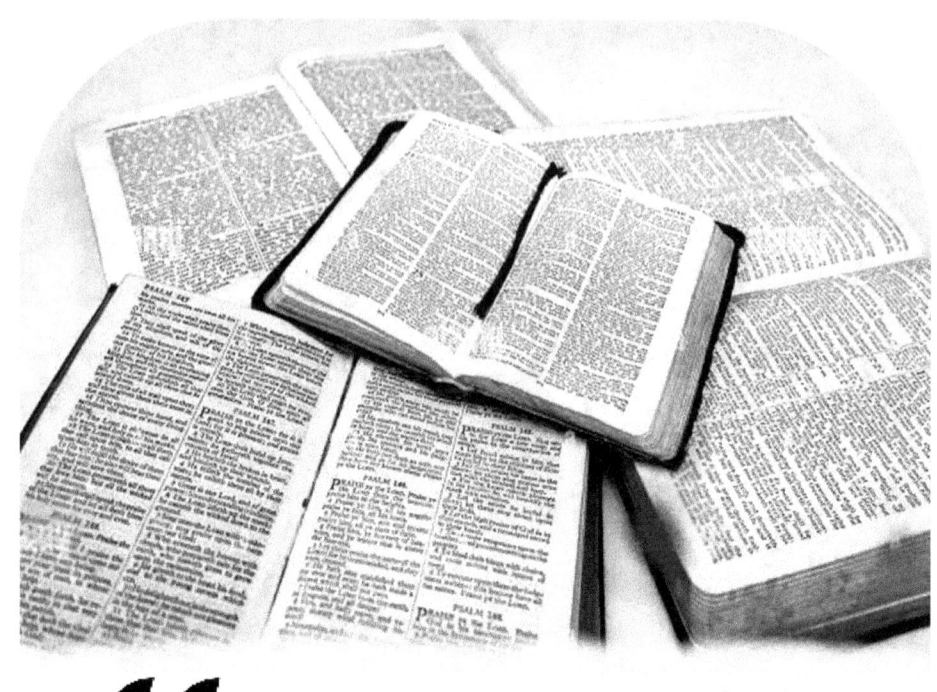

"

Crois plus en la fidélité de Dieu que dans le langage des hommes.

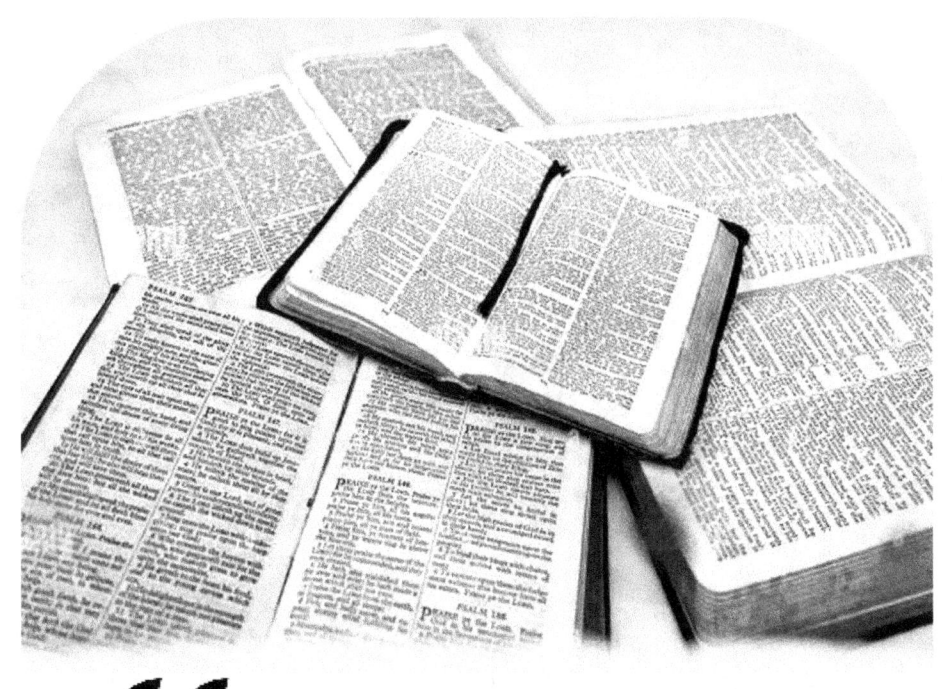

"
N'aies pas peur de lâcher ta source de survie pour croire en l'Éternel la source la vraie vie.

185
Le sacrifice, la consécration et la sanctification
200 Pensées Inspirées

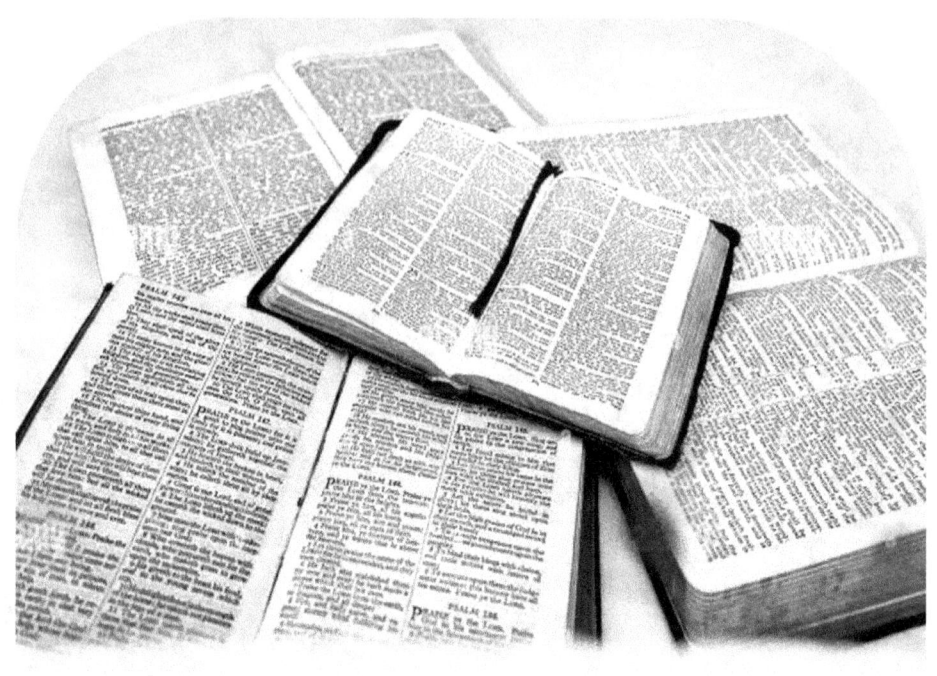

"

Paies le prix de ton appel, est-ce l'intégrité ? Est-ce la vérité ? Est-ce la prière ? Paies donc ce prix.

186
Le sacrifice, la consécration et la sanctification
200 Pensées Inspirées

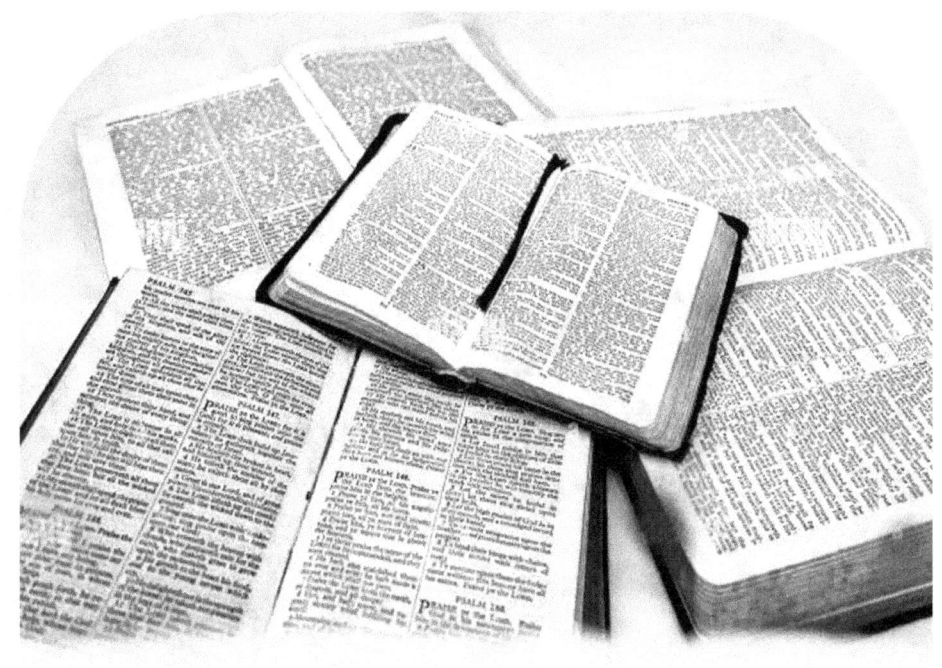

"
Que la quête d'avoir le cœur qui plaît à Christ soit ta motivation à chaque fois que tu viens à l'église.

187
Le sacrifice, la consécration et la sanctification
200 Pensées Inspirées

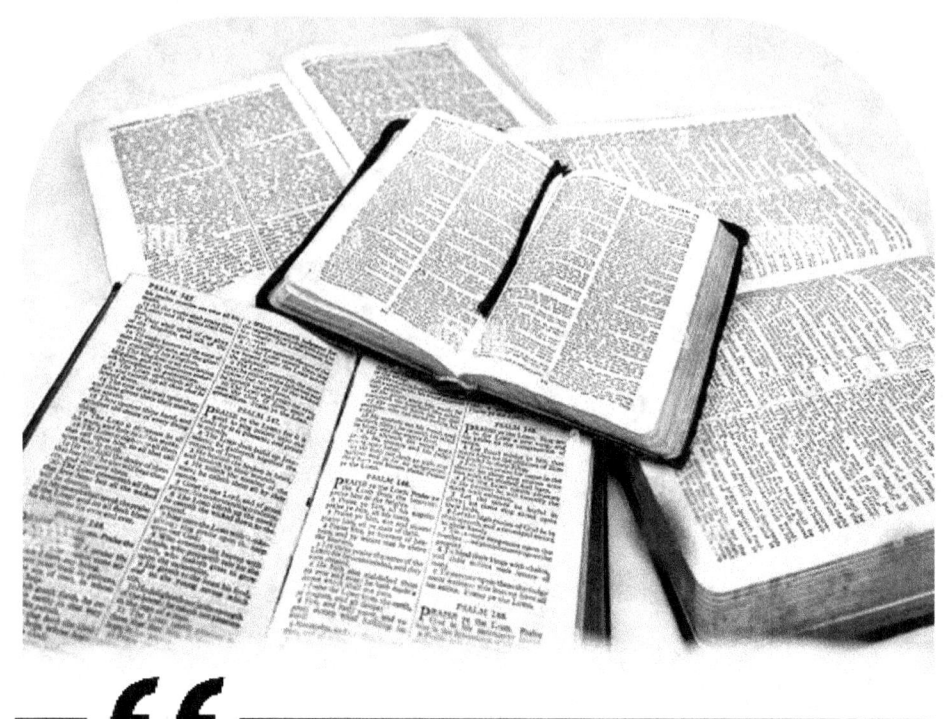

"

Gardez votre cœur sincère devant Dieu et désirez-le ardemment.

188
Le sacrifice, la consécration et la sanctification
200 Pensées Inspirées

Chapitre X
LES ACTIONS DE GRÂCE ET LA FOI

Celui qui offre pour sacrifice des actions de grâces me glorifie, Et à celui qui veille sur sa voie Je ferai voir le salut de Dieu. **Psaumes 50.23**

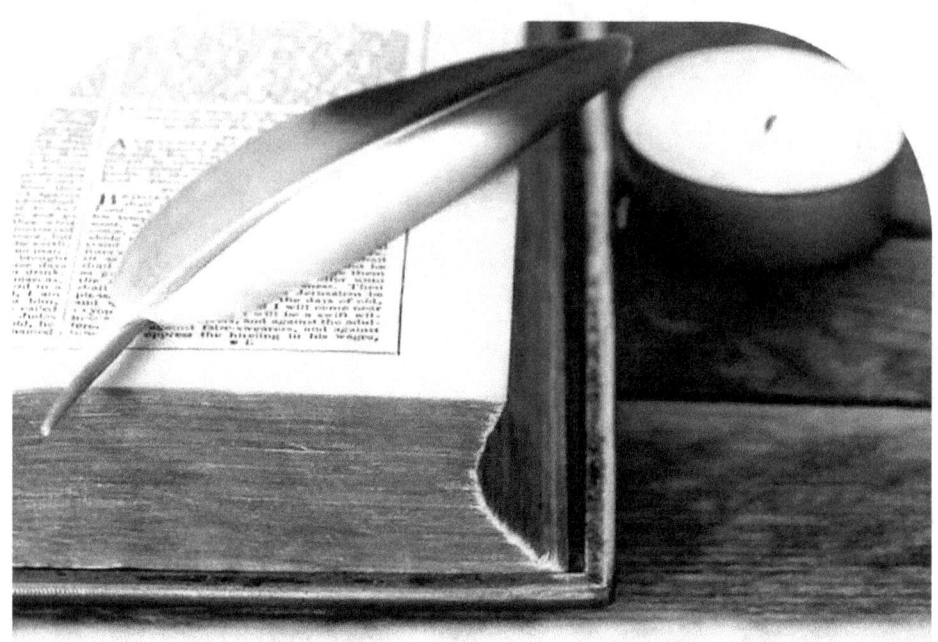

"
Les actions de grâce sont des portes à des nouvelles gloires et dimensions.

189
Les actions de grâce et la foi
200 Pensées Inspirées

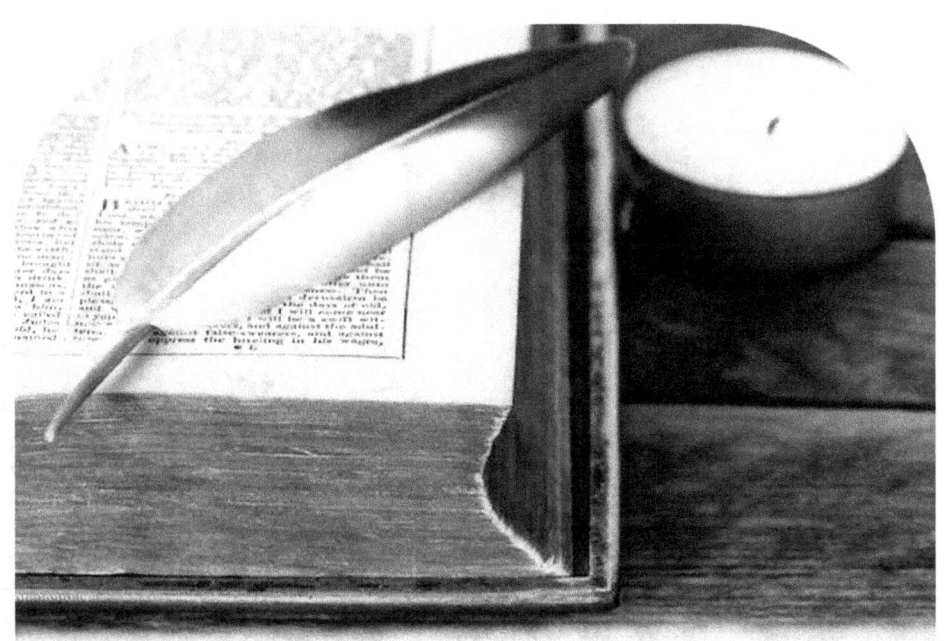

> Reconnaît la grâce de Dieu dans ce que tu as et il te donnera ce que tu n'as pas.

190
Les actions de grâce et la foi
200 Pensées Inspirées

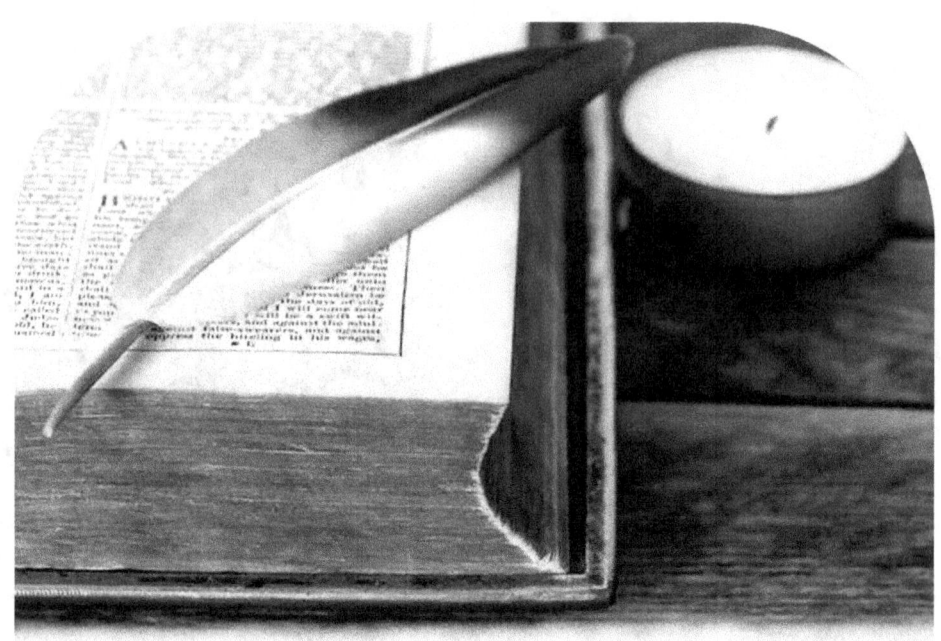

> À chaque fois que Dieu te fait grâce, revient vers lui pour lui rendre grâce.

191
Les actions de grâce et la foi
200 Pensées Inspirées

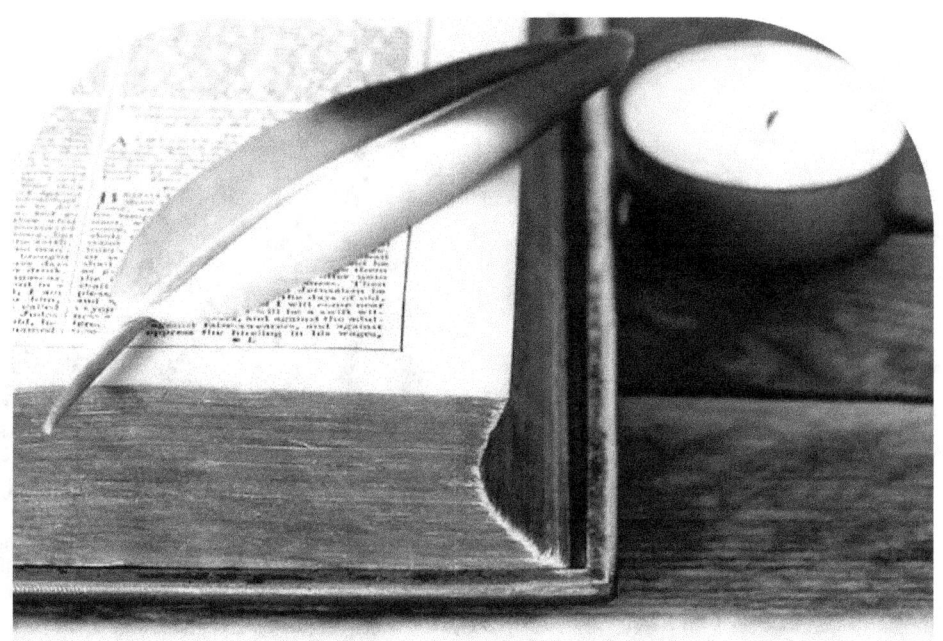

> L'action de grâce est une action posée pour faire grandir la grâce.

192
Les actions de grâce et la foi
200 Pensées Inspirées

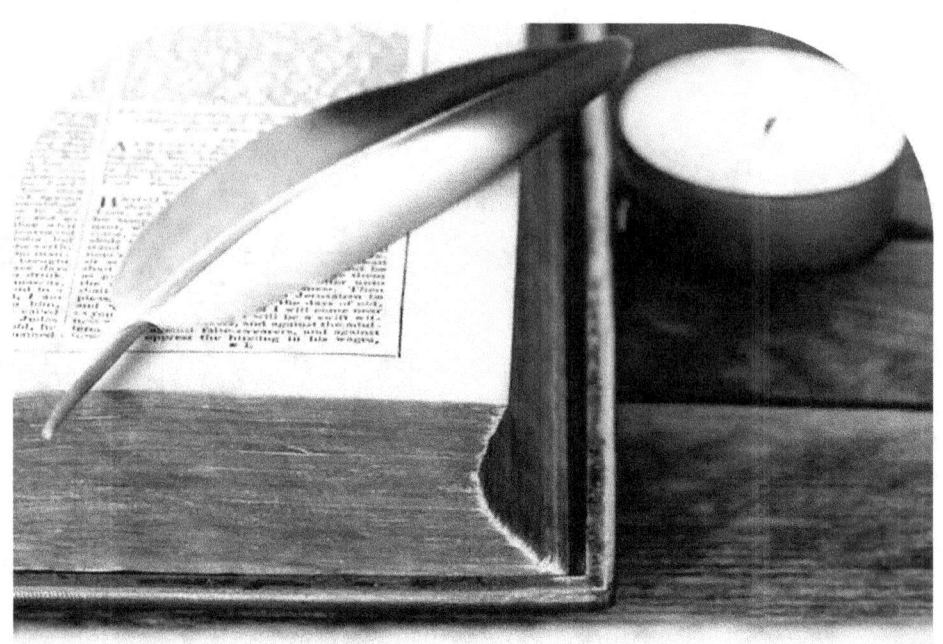

“

Quand tu reconnais la grâce dans la vie des autres, le Seigneur continuera à faire dans ta vie des choses imméritées.

193
Les actions de grâce et la foi
200 Pensées Inspirées

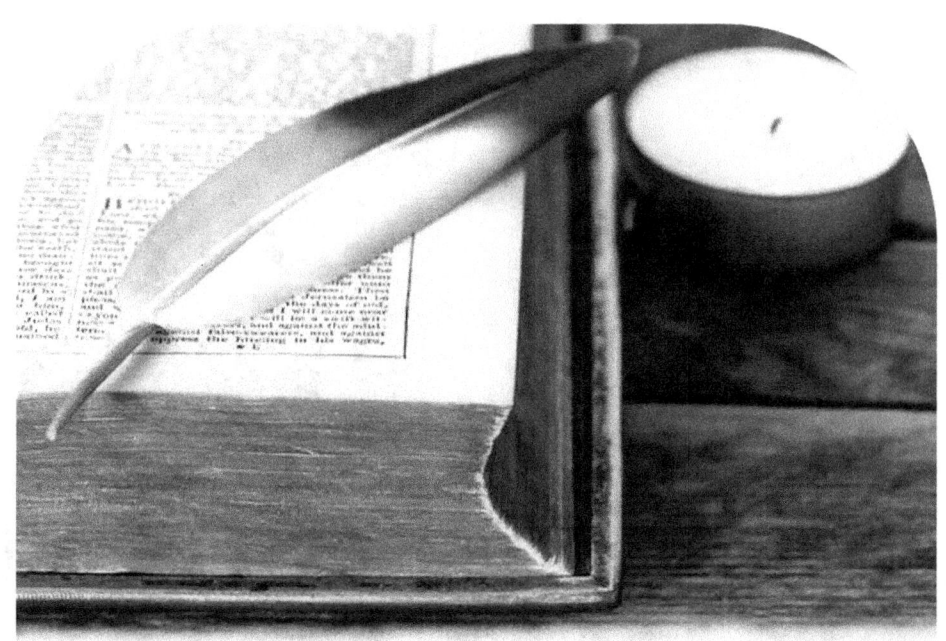

> Faire une action de grâce c'est une façon de montrer la gratitude pour supprimer l'ingratitude.

194
Les actions de grâce et la foi
200 Pensées Inspirées

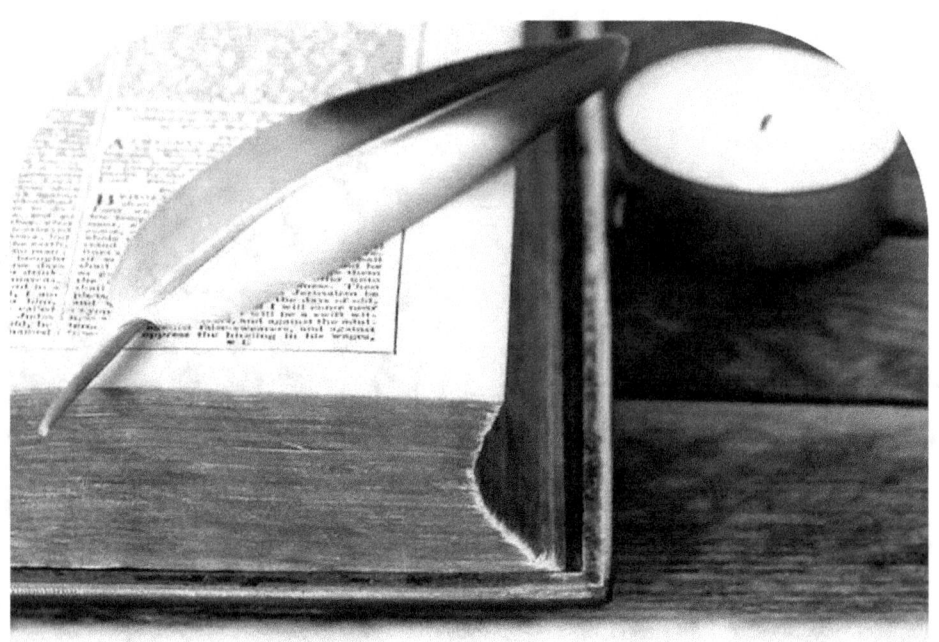

"

Rendre grâce à Dieu te permet de voir les choses en grand.

195
Les actions de grâce et la foi
200 Pensées Inspirées

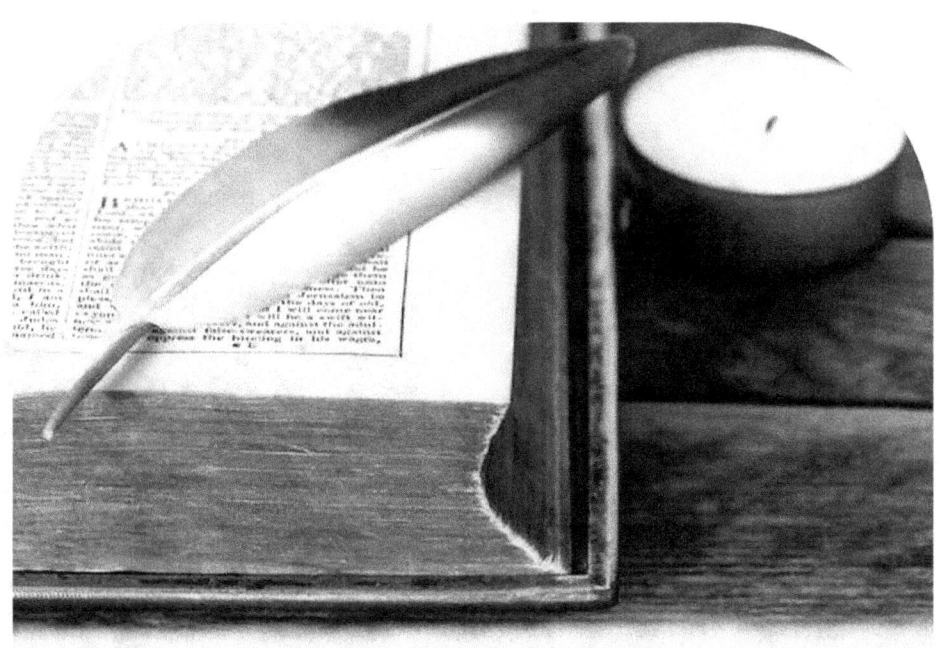

"

La foi c'est les yeux de ceux qui n'ont pas les yeux.

196
Les actions de grâce et la foi
200 Pensées Inspirées

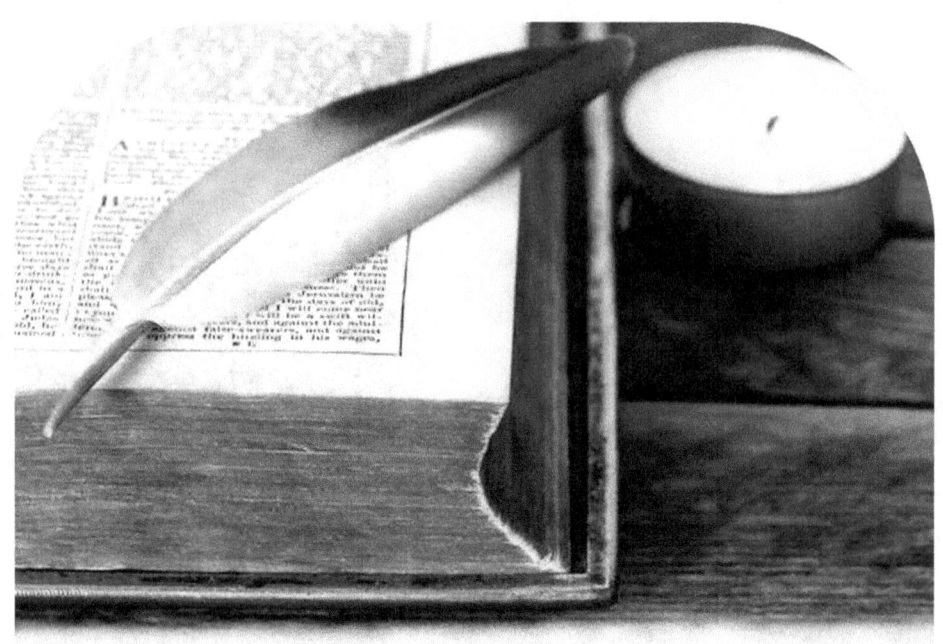

“

Demandes à Dieu de se révéler personnellement dans ta vie de sorte que ta foi soit tangible.

197
Les actions de grâce et la foi
200 Pensées Inspirées

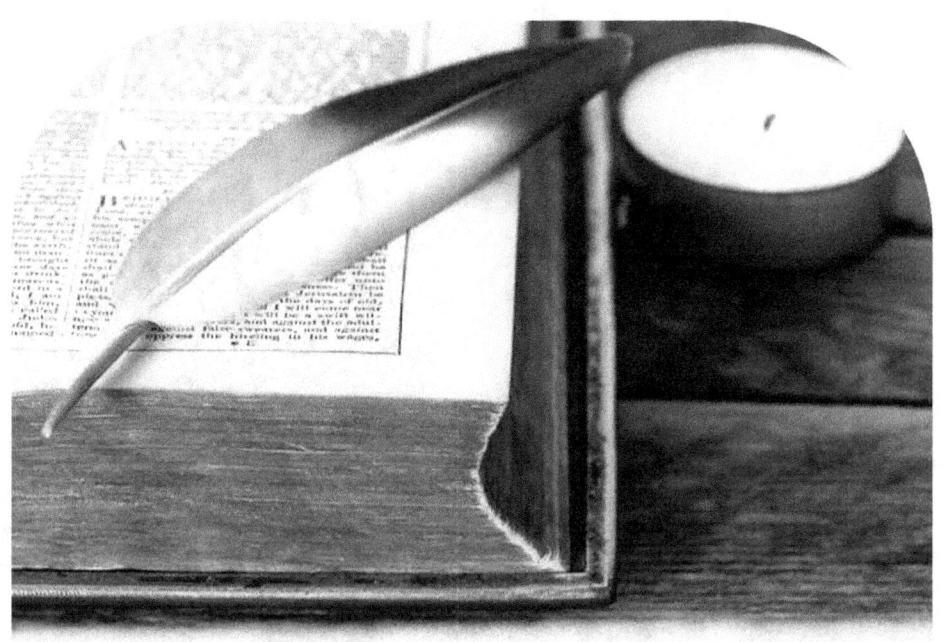

"

Si ta vie rend gloire à Dieu, Dieu continuera à faire encore plus.

198
Les actions de grâce et la foi
200 Pensées Inspirées

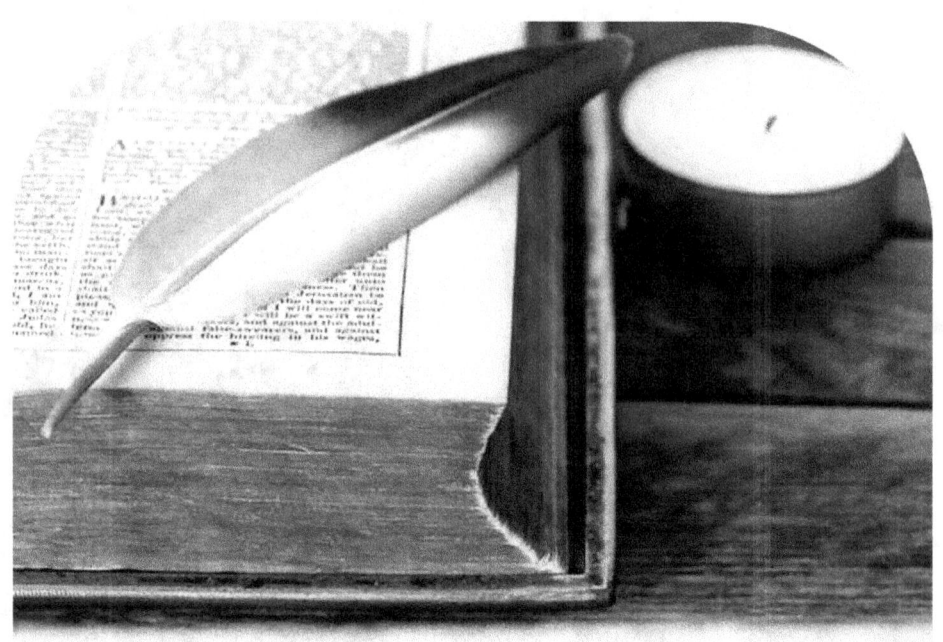

"

Rend grâce à Dieu pour ce qui va bien et ce qui va mal ira bien.

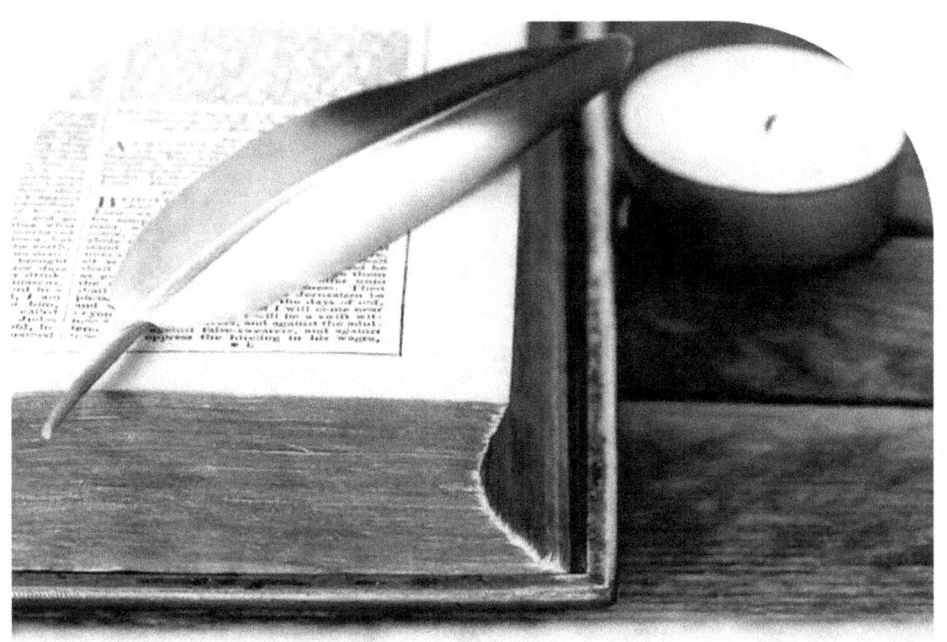

"

On rend grâce à Dieu pour ce qu'on a, pour ce qu'on avait, pour ce qu'on attend et pour ce que les autres ont.

200
Les actions de grâce et la foi
200 Pensées Inspirées

www.ingramcontent.com/pod-product-compliance
Lightning Source LLC
Chambersburg PA
CBHW071450220526
45472CB00003B/747